U0885593

行业粤语快速突破系列

hong yib yud yu fai cug ded po hei lid

can yem yud yu yed hog zeo wui

餐饮粤语一学就会

◎陈玉华 编著

世界图书出版公司

广州·上海·西安·北京

图书在版编目(CIP)数据

餐饮粤语一学就会/陈玉华编著. —广州:世界图书出版广东有限公司, 2011.6
ISBN 978-7-5100-3606-4

Ⅰ. ①餐… Ⅱ. ①陈… Ⅲ. ①饮食业—粤语—自学参考资料 Ⅳ. ①H178

中国版本图书馆CIP数据核字(2011)第103692号

餐饮粤语一学就会

策划编辑:卢家彬
责任编辑:魏志华
出版发行:世界图书出版广东有限公司
(广州市新港西路大江冲25号 邮编:510300)
电 话:(020)84451969 84453623 84184026
http://www.gdst.com.cn E-mail:pub@gdst.com.cn
经 销:各地新华书店
印 刷:湛江日报社印刷厂
版 次:2011年7月第1版 2011年7月第1次印刷
开 本:880mm × 1230mm 1/32
字 数:120千
印 张:7.75
ISBN 978-7-5100-3606-4/H·0728
ISBN 978-7-88765-923-1(MP3)
定 价:21.80元(附送MP3光盘,本公司网站同时提供光盘内容免费下载)

版权所有 侵权必究
咨询、投稿:020-84460251 gzlzw@126.com

前言
Preface

随着我国经济的进一步发展和人民生活水平的不断提高，餐饮业也日渐繁荣，各大菜系的餐馆或酒楼不断涌现，它们各树一帜，各具特色，吸引着众多的中外食客。这其中，粤港澳地区的食客就占据着一个相当大的比例。他们在用餐过程中常常会使用粤语进行交谈和沟通，因此，这就要求餐馆内的一线职员做到能听会说粤语，以便更好地为顾客提供全方位的优质服务，增强企业竞争力！

本书分为三大部分内容：

第一部分将详尽地讲解“广州话拼音的学习和应用”。广州话有着自己的拼音。广州话拼音是由字母、声母、声调及韵母四部分内容组成，通俗易懂。学好广州话拼音是改变说话口型、帮助自学及说好标准粤语的“有力武器”。

第二部分为餐馆职员实用情景会话。包括八个对话场景三十个话题。每个场景设有四个栏目：

经典高频句型——是餐馆职员在特定工作场景中使用频率最高的实用句型。只要对这些句型熟读熟记，则可在工作中表达自如，举一反三。

实战场景会话——全面描述餐馆中最典型、最实用的工作场景和最鲜活的行业气息。

语法详解——对各单元中的字、词、句进行语法详解及举例，使学习者更能全面地掌握粤语这门语言的特性及用法。

知识链接——是与餐饮行业相关的常用小知识。

第三部分收集了餐馆职员最为常用的词汇，按主题进行分类。读者通过对这些词汇的反复操练及熟记，将有助于提高口语的表达能力。

此外，本书中的句子和词汇均标注有广州话拼音，并配有 MP3 光盘，读者可根据拼音并配合录音进行学习。

由于时间仓促，本书难免有不足及疏漏之处，敬请广大读者不吝赐教！

编　者

2011 年 6 月

作者简介

陈玉华，1995年毕业于广州华南理工大学管理系。毕业后一直从事企业管理和教学管理工作，从事粤语教学及研究工作十几年，教学经验非常丰富，教法独特，深入浅出，通俗易懂，课堂气氛极其生动活跃。曾多次被诚邀赴港澳及大陆地区众多企事业单位及行政机构任教和推广教学经验。

作者凭着对工作的热情执著及强烈的工作责任感，一直以来深受社会各界粤语学习者的赞扬和好评，在社会上树立了良好的口碑！出版的作品有《实用广州话教程》及《餐饮粤语一学就会》、《酒店粤语一学就会》、《商场粤语一学就会》等一系列行业实用粤语丛书。

目录
Contents

第三部分　餐饮业常用词汇表（广州话/拼音/普通话对照）…… 181

第一部分

广州话拼音的学习和应用

广州话拼音是由字母、声母、声调和韵母四部分内容组成。

一、字母

广州话拼音字母一共有 27 个，分别为：a、b、c、d、e、é、ê、f、g、h、i、j、k、l、m、n、o、p、q、s、t、u、ü、w、x、y、z。这些字母可以简单理解为英语的 26 个字母，其中 r、v 两个字母在广州话中不用，从中增加了带有附加符号的 é、ê、ü 三个字母。é、ê 是字母 e 的变体，ü 是字母 u 的变体。

二、声母

广州话拼音声母一共有 22 个，分别为：b、p、m、f、d、t、n、l、g、k、h、j、q、x、z、c、s、y、w、ng、gu、ku。这些声母的发音规则如下：

1. 以下这些声母在写法上和读音上都与汉语拼音的声母基本相同：b波、p坡、m摸、f佛、d得、t特、n讷、l勒、g哥、k科、h喝、y衣、w乌。

2. j、q、x 与 z、c、s，这两组声母在广州话中的读音是相同的，即：j = z，q = c，x = s。它们的发音方法如下：

(1) j (z) 发音时舌尖靠着齿背，舌端的舌面向上牙床和硬腭前部靠拢，然后稍微离开，让较弱的气流挤出产生摩擦而成的音。这个音刚好介于汉语拼音声母 j 和 z 的中间位置，即舌头比汉语拼音声母的 z 要后一点，比汉语拼音声母的 j 要前一些。

(2) q (c) 发音时的舌位与 j (z) 相同，但冲出的气流强一些，形成“送气音”。同样，q (c) 的音刚好介于汉语拼音声母 q 和 c 之间。

(3) x (s) 发音时，舌尖及靠近舌尖的舌面向上牙床和硬腭前部靠近，之间形成一道窄缝，让气流从中挤出而成的音。x (s)

的音也是刚好介于汉语拼音声母 x 和 s 的中间位置。

虽然两组声母的读音完全相同，然而在拼写韵母时是有所规定的。j、q、x 是用在韵母 i、ü 以及以它们开头的复韵母之前；z、c、s 则用在韵母 ɑ、o、é 以及以 ɑ、o、e、é、ê、u 等字母开头的复韵母之前。例如："ji^1 知、qi^1 痴、xi^1 思"不能写成"zi^1、ci^1、si^1"，"$z\alpha^1$ 渣、$c\alpha^1$ 差、$s\alpha^1$ 沙"不能写成"$j\alpha^1$、$q\alpha^1$、$x\alpha^1$"等等。

3 ng——这是一个舌根鼻音。发音时张开嘴巴，舌根紧贴软颚，气流从鼻腔流出而发出的声音，也可以理解为相当于汉语拼音"ɑng"韵尾的音或相当于英语音标/ŋ/音。它是一个零声母，所谓零声母是指在拼音时读它也可以，不读它也可以。例：$ng\alpha^1 = \alpha^1$

注意

舌根紧贴软颚的方法是：张开嘴巴，做出发汉语拼音声母"g"或"k"的动作，但不能发出声音，这时舌根已紧贴软颚了。

4 gu、ku——这是两个圆唇的舌根音，分别发出汉语拼音"gū"、"kū"两个音节的声音即可。

以汉语拼音韵母"ɑ̄"和"ī"为例，练习拼读下列声母和拼音：

b — bā，p — pā，m — mā，f — fā，d — dā，t — tā，n — nā，l — lā，g — gā，k — kā，h — hā，z — zā，c — cā，s — sā，j — jī，q — qī，x — xī，y — yā，w — wā，ng — ngā，gu — guā，ku — kuā。

三、声调

广州话拼音声调用 6 个调号来表示，分别为 1，2，3，4，5，6，它们表示广州话说话声音高、低、升、降的作用。广州话拼音声调的调号就标在音节的右上角。例如：$g\alpha^1$，$s\alpha^2$ 等等。广州话拼音的声调与汉语拼音的声调之间的关系可用以下五个公式来表示：

1 广州话的 1 调号 = 普通话的第一声。

例如：ma^1 = mā

2 广州话的 2 调号 = 普通话的第二声。

例如：ma^2 = má

3 广州话的 4 调号和 6 调号 = 普通话第三声前半部分的音。

例如：ma^4 或 ma^6 = mǎ

注意

4 调号读得长而重，6 调号读得短而轻。但是在日常的交谈中，这两个调号的读音基本上没什么差别。

4 广州话的 5 调号 = 普通话第三声后半部分的音。

例如：ma^5 = mǎ

5 广州话的 3 调号 = 汉语拼音的轻声。

例如：ma^3 = ma

＊关于变调——广州话有些字词的声调在某种情况下会有临时的改变，称为变调。例如：普通话的"一般般"，广州话说成"麻麻地 ma^6 ma^{6-2} $déi^{4-2}$"。其中，"麻"和"地"两个字的声调已经改变。意思是说："麻"字本身的读音应该为"ma^6"，"地"字本身的读音应该为"$déi^4$"，两个字的读音应相当于普通话中第三声前半部分的读音，但是由于广州话词构成的原因和说话的习惯，因此把"麻"字本身的 6 调号变读成 2 调号，即 ma^2 音；把"地"字本身的 4 调号变读成 2 调号，即 $déi^2$ 音。这个词的读音最后读成"ma^6 ma^2 $déi^2$"音。记住：凡是标有"3－1，5－1，6－2，4－2"等等之类的调号，其读音都取"－"号后面调号的读音。例如：在广州话字典中查到一个字的标音是"man^{5-1}"，则它应该

读成“man^1”音。变调的主要功能是：不仅交谈方便，而且抑扬顿挫，娓娓动听，给人留下有说话地道之感！

以汉语拼音韵母“a”为例，练习拼读下列声调及音节：

a^1—ma^1（妈） a^2—ga^2（假）

a^4—na^4（拿） a^6—ya^6（廿）

a^5—ha^5（下） a^3—la^3（喇）

a$^{6-2}$—wa$^{6-2}$（话）

四、韵母

广州话拼音韵母一共有 53 个，它们的发音与汉语拼音韵母以及个别英语国际音标在读音上有着很大的联系。广州话拼音韵母如下表：

a		o	u	i	ü	ê	é	m
ai	ei	oi	ui	iu		êu	éi	
ao	eo	ou						ng
am	em			im				
an	en	on	un	in	ün	ên		
ang	eng	ong	ung	ing		êng	éng	
ab	eb			ib				
ad	ed	od	ud	id	üd	êd		
ag	eg	og	ug	ig		êg	ég	

广州话拼音韵母的发音规则如下：

1 以下这些广州话拼音韵母与汉语拼音韵母在写法上和读音上都基本相同：

a ai ao an ang en eng o ou u ui un i iu in ü ün

单字应用

a^1—fa^1 花	a^2—da^2 打	a^4—ca^4 茶	a^6—ba^6 爸	a^5—ma^5 马	a^3—ga^3 架
ai^1—gai^1 街	ai^2—bai^2 摆	ai^4—mai^4 卖	ai^6—pai^6 牌	ai^5—mai^5 买	ai^3—gai^3 介
ao^1—bao^1 包	ao^2—hao^2 考	ao^4—mao^4 茅	ao^6—hao^6 校	ao^5—ngao^5 咬	ao^3—gao^3 教
an^1—ban^1 班	an^2—fan^2 反	an^4—lan^4 兰	an^6—wan^6 环	an^5—man^5 晚	an^3—gan^3 间
ang^1—sang^1 生	ang^2—sang^2 省	ang^4—hang^4 行	ang^6—pang^6 澎	ang^5—lang^5 冷	ang^3—sang^3 汕
en^1—fen^1 分	en^2—ben^2 品	en^4—cen^4 陈	en^6—sen^6 神	en^5—men^5 敏	en^3—zen^3 圳
eng^1—deng^1 灯	eng^2—deng^2 等	eng^4—peng^4 朋	eng^6—weng^6 宏	eng^5—weng^5 允	eng^3—geng^3 更
o^1—bo^1 波	o^2—zo^2 左	o^4—ho^4 何	o^6—zo^6 座	o^5—ngo^5 我	o^3—fo^3 货
ou^1—dou^1 都	ou^2—pou^2 普	ou^4—hou^4 豪	ou^6—zou^6 造	ou^5—lou^5 老	ou^3—cou^3 醋
u^1—fu^1 夫	u^2—gu^2 古	u^4—wu^4 湖	u^6—wu^6 户	u^5—fu^5 妇	u^3—gu^3 固
ui^1—bui^1 杯	ui^2—fui^2 贿	ui^4—mui^4 妹	ui^6—wui^6 会	ui^5—mui^5 每	ui^3—bui^3 背
un^1—bun^1 搬	un^2—fun^2 款	un^4—mun^4 门	un^6—wun^6 换	un^5—mun^5 满	un^3—bun^3 半
i^1—yi^1 衣	i^2—ji^2 子	i^4—xi^4 时	i^6—yi^6 二	i^5—xi^5 市	i^3—xi^3 试
iu^1—xiu^1 烧	iu^2—xiu^2 少	iu^4—tiu^4 调	iu^6—liu^6 料	iu^5—niu^5 鸟	iu^3—piu^3 票

in^{1}—gin^{1} 坚	in^{2}—din^{2} 典	in^{4}—lin^{4} 联	in^{6}—din^{6} 电	in^{5}—min^{5} 免	in^{3}—gin^{3} 见
ü^{1}—ju^{1} 珠	ü^{2}—xu^{2} 暑	ü^{4}—xu^{4} 树	ü^{6}—yu^{6} 鱼	ü^{5}—yu^{5} 语	ü^{3}—ju^{3} 注
ün^{1}—xun^{1} 酸	ün^{2}—gün^{2} 卷	ün^{4}—lün^{4} 乱	ün^{6}—dün^{6} 段	ün^{5}—nün^{5} 暖	ün^{3}—gün^{3} 券

单词应用

ai^{5}—nai^{5}，a^{4}—ca^{4}……nai^{5} ca^{4} 奶茶（奶茶）

iu^{4}—tiu^{4}，iu^{2}—liu^{2}……tiu^{4} liu^{2} 调料（调料）

iu^{1}—xiu^{1}，ao^{1}—hao^{1}……xiu^{1}hao^{1} 烧烤（烧烤）

in^{4}—min^{4}，ao^{1}—bao^{1}……min^{4}bao^{1} 面包（面包）

i^{2}—ji^{2}，en^{1}—gen^{1}……ji^{2}gen^{1} 纸巾（纸巾）

ang^{1}—sang^{1}，o^{2}—guo^{2}……sang^{1}guo^{2} 生果（水果）

ai^{3}—gai^{3}，iu^{4}—xiu^{4}……gai^{3}xiu^{4} 介绍（介绍）

ai^{4}—mai^{4}，an^{1}—dan^{1}……mai^{4}dan^{4} 埋单（结账）

eng^{2}—deng^{2}，en^{2}—zen^{2}……deng^{2}zen^{2} 等阵（稍等）

a^{4}—ca^{4}，ui^{1}—bui^{1}……ca^{4}bui^{1} 茶杯（茶杯）

ai^{6}—dai^{6}，un^{4}—mun^{4}……dai^{6}mun^{4} 大门（大门）

ü^{1}—ju^{1}，a^{2}—pa^{2}……ju^{1}pa^{2} 猪扒（猪扒）

en^{1}—sen^{1}，in^{1}—xin^{1}……sen^{1}xin^{1} 新鲜（新鲜）

ou^{2}—pou^{2}，i^{5}—yi^{5}，a^{4}—ca^{4}……pou^{2}yi^{5}ca^{4} 普洱茶（普洱茶）

u^{4}—wu^{4}，iu^{1}—jiu^{1}，en^{2}—fen^{2}……wu^{4}jiu^{1}fen^{2} 胡椒粉（胡椒粉）

2 以字母"m"结尾的韵母一共有3个，分别为：am、em、im。它们的发音规则为：首先发"m"字母前面的汉语拼音，然后双唇紧闭，气流从鼻腔流出而发出的声音。也可以简单理解为：先发"m"字母前面的汉语拼音，然后向一个闭嘴鼻音滑动而成的音。

单字应用

am^1—sam^1 三	am^2—dam^2 胆	am^4—ham^4 咸	am^6—zam^6 暂	am^5—tam^5 淡	am^3—zam^3 湛
em^1—sem^1 参	em^2—yem^2 饮	em^4—lem^4 林	em^6—hem^6 含	em^5—tem^5 氹	em^3—zem^3 浸
im^1—yim^1 腌	im^2—dim^2 点	im^4—yim^4 盐	im^6—tim^6 甜	im^5—lim^5 脸	im^3—yim^3 厌

单词应用

ou^2—hou^2，am^5—tam^5……hou^2tam^5 好淡（很淡）
em^3—gem^3，am^4—ham^4……gem^3ham^4 咁咸（这么咸）
iu^1—jiu^1，im^4—yim^4……jiu^1yim^4 椒盐（椒盐）
im^2—dim^2，em^1—sem^1……dim^2sem^1 点心（点心）
im^6—tim^6，en^2—ben^2……tim^6ben^2 甜品（甜品）

3 以字母"b"结尾的韵母一共有3个，分别为：ab、eb、ib。它们的发音规则为：首先发"b"字母前面汉语拼音的短促音，然后双唇紧闭。

单字应用

ab^1—lab^1	ab^2—kab^2	ab^4—nab^4 纳	ab^6—lab^6 腊	ab^5—hab^5	ab^3—$ngab^3$ 鸭

eb^1—zeb^1 汁	eb^2—heb^2 盒	eb^4—yeb^4 入	eb^6—seb^6 十	eb^5—leb^5	eb^3—seb^3
ib^1—nib^1 镍	ib^2—nib^2	ib^4—hib^4 协	ib^6—yib^6 业	ib^5—lib^5	ib^3—gib^3 涩

单词应用

iu^1—xiu^1，ab^3—$ngab^3$……xiu^1ngab^3 烧鸭（烤鸭）
o^2—guo^2，eb^1—zeb^1……guo^2zeb^1 果汁（果汁）
an^4—fan^4，eb^2—heb^2……fan^4heb^2 饭盒（饭盒）
iu^1—xiu^1，ab^6—lab^6……xiu^1lab^6 烧腊（烧腊）
u^2—fu^2，ib^3—gib^3……fu^2gib^3 苦涩（苦涩）
ib^6—yib^6，ou^4—mou^4，$ün^4$—yun^4……$yib^6mou^4yun^4$ 业务员（业务员）

4 以字母“d”结尾的韵母一共有7个，分别为：ad、ed、od、id、ud、üd、êd。它们的发音规则为：首先发“d”字母前面汉语拼音的短促音，然后舌尖抵住上齿龈。也可以简单理解为：先发“d”字母前面汉语拼音的短促音，然后作出发汉语拼音声母“d”的姿势，但不能发出“d”音。

注意

韵母“ê”的发音方法为：舌尖抵住下齿背，舌前部稍向硬腭前部抬起，嘴唇拢成圆形，让气流呼出而发出的声音。

单字应用

ad^1—tad^1 挞	ad^2—zad^2	ad^4—wad^4 滑	ad^6—dad^6 达	ad^5—lad^5	ad^3—fad^3 发
ed^1—bed^1 笔	ed^2—ted^2	ed^4—med^4 物	ed^6—fed^6 佛	ed^5—sed^5	ed^3—med^3

od^1—god^1	od^2—bod^2	od^4—mod^4	od^6—lod^6	od^5—zod^5	od^3—god^3 割
id^1—bid^1 必	id^2—pid^2	id^4—lid^4 烈	id^6—bid^6 别	id^5—yid^5	id^3—jid^3 节
ud^1—dud^1	ud^2—fud^2	ud^4—bud^4 拨	ud^6—wud^6 活	ud^5—pud^5	ud^3—fud^3 阔
üd^1—lüd^1	üd^2—nüd^2	üd^4—yud^4 粤	üd^6—düd^6 夺	üd^5—püd^5	üd^3—xud^3 雪
êd^1—cêd^1 出	êd^2—lêd^2 率	êd^4—sêd^4 术	êd^6—lêd^6 律	êd^5—lêd^5	êd^3—zêd^3 黜

单词应用

an^6—dan^6，ad^1—tad^1……dan^{6}tad^1 蛋挞（一种西式点心）
ed^4—med^4，en^2—ben^2……med^{4}ben^2 物品（物品）
ad^3—fad^3，ad^6—dad^6……fad^{3}dad^6 发达（发达）
od^3—god^3，ou^2—cou^2……god^{3}cou^2 割草（割草）
id^3—jid^3，ed^6—yed^6……jid^{3}yed^6 节日（节日）
eng^1—seng^1，ud^6—wud^6……seng^{1}wud^6 生活（生活）
a^1—sa^1，êd$^{6-2}$—lêd$^{6-2}$……sa^{1}lêd$^{6-2}$ 沙律（沙拉）
üd^3—xud^3，i^5—yi^5……xud^{3}yi^5 雪耳（雪耳）

5 **以字母“g”结尾的韵母一共有7个，分别为：ag、eg、og、ug、ig、ég、êg。**它们的发音规则如下：首先发字母“g”前面元音的短促音，然后舌根紧贴软颚。也可简单理解为：先发“g”字母前面元音的短促音，然后作出发汉语拼音声母“g”的姿势，但不能发出“g”音。

注意

韵母 é 的发音方法为：舌尖抵住下齿背，舌前部稍向硬腭前部抬起，唇形扁平，让气流呼出而发出的声音。也可以理解为：它的音与英语音标的/ε/音相同。

单字应用

ag^1—hag^1 赫	ag^2—ngag^2 额	ag^4—zag^4 择	ag^6—bag^6 白	ag^5—mag^5	ag^3—cag^3 册
eg^1—beg^1 北	eg^2—teg^2	eg^4—meg^4 麦	eg^6—deg^6 突	eg^5—leg^5	eg^3—meg^3
og^1—mog^1 剥	og^2—bog^2	og^4—mog^4 莫	og^6—bog^6 薄	og^5—log^5	og^3—sog^3 索
ug^1—fug^1 福	ug^2—dug^2	ug^4—sug^4 熟	ug^6—lug^6 绿	ug^5—lug^5	ug^3—nug^3 忸
ig^1—xig^1 色	ig^2—gig^2	ig^4—wig^4 域	ig^6—xig^6 食	ig^5—jig^5	ig^3—lig^3
ég^1—lég^1 叻	ég^2—dég^2 笛	ég^4—kég^4 剧	ég^6—ség^6 石	ég^5—még^5	ég^3—cég^3 尺
êg^1—dêg^1	êg^2—nêg^2	êg^4—lêg^4	êg^6—zêg^6 着	êg^5—gêg^5	êg^3—zêg^3 雀

单词应用

a^3—ga^3，ag^3—gag^3……ga^{3}gag^3 价格（价格）
eg^4—meg^4，a^4—ca^4……meg^{4}ca^4 麦茶（麦茶）
og^6—bog^6，o^4—ho^4……bog^{6}ho^4 薄荷（薄荷）
un^3—bun^3，ug^4—sug^4……bun^{3}sug^4 半熟（半熟）
ug^6—lug^6，a^4—ca^4……lug^{6}ca^4 绿茶（绿茶）

ig^1—xig^1，ai^1—lai^1……xig^{1}lai^1 色拉（色拉）
ig^6—xig^6，an^4—fan^4……xig^{6}fan^4 食饭（吃饭）
ég^6—ség^6，an^1—ban^1，ü^2—yu^2……ség^{6}ban^{1}yu^2 石斑鱼（石斑鱼）
o^6—wo^6，a^1—fa^1，êg^3—zêg^3……wo^{6}fa^{1}zêg^3 禾花雀（禾花雀）

6 由广州话拼音韵母转化读作英语国际音标声音的韵母一共有 7 个，分别为：oi、on、ong、é、ing、m、ng。它们的发音如下：

"oi" 读作英语国际音标/ɔi/音。

"on" 读作英语国际音标/ɔn/音。

"ong" 读作英语国际音标/ɔŋ/音。

"é" 读作英语国际音标/ɛ/音。

"ing" 读作英语国际音标/iŋ/音。

"m" 读作英语国际音标/m/音。

"ng" 读作英语国际音标/ŋ/音。

其中，m 和 ng 是两个自成音节的鼻音韵母，不与其他声母相拼。

单字应用

oi^1—goi^1 该	oi^2—hoi^2 海	oi^4—noi^4 耐	oi^6—doi^6 代	oi^5—toi^5 怠	oi^3—zoi^3 再
on^1—gon^1 肝	on^2—gon^2 赶	on^4—hon^4 寒	on^6—ngon^6 岸	on^5—hon^5 旱	on^3—ngon^3 按
ong^1—bong^1 帮	ong^2—song^2 爽	ong^4—fong^4 房	ong^6—wong^6 王	ong^5—long^5 朗	ong^3—fong^3 放
é^1—bé^1 啤	é^2—sé^2 写	é^4—zé^4 谢	é^6—sé^6 蛇	é^5—sé^5 社	é^3—zé^3 借

ing^{1}—xing^{1} 星	ing^{2}—ging^{2} 境	ing^{4}—xing^{4} 城	ing^{6}—ling^{6} 零	ing^{5}—wing^{5} 永	ing^{3}—xing^{3} 胜
m^{1}	m^{2} 嗯	m^{4} 唔	m^{6}	m^{5}	m^{3}
ng^{1}	ng^{2}	ng^{4} 误	ng^{6} 吴	ng^{5} 五	ng^{3}

单词应用

m^{4}—m^{4}，oi^{1}—goi^{1}……m^{4}goi^{1} 唔该（谢谢，劳驾）
oi^{3}—zoi^{3}，in—gin^{3}……zoi^{3}gin^{3} 再见（再见）
in^{3}—gin^{3}，ong^{1}—hong^{1}……gin^{3}hong^{1} 健康（健康）
ong^{2}—song^{2}，ou^{5}—tou^{5}……song^{2}tou^{5} 爽肚（肚片）
ang^{1}—sang^{1}，é^{1}—bé^{1}……sang^{1}bé^{1} 生啤（生啤）
o^{1}—do^{1}，é^{4}—zé^{4}……do^{1}zé^{4} 多谢（谢谢）
ing^{1}—qing^{1}，ing^{1}—jing^{1}……qing^{1}jing^{1} 清蒸（清蒸）
an^{4}—wan^{4}，ing^{2}—ging^{2}……wan^{4}ging^{2} 环境（环境）
em^{2}—yem^{2}，ing^{3}—xing^{3}……yem^{2}xing^{3} 饮胜（干杯）
on^{3}—ngon^{3}，em^{1}—gem^{1}……ngon^{3}gem^{1} 按金（押金）
ng^{4}—ng^{4}，ui^{4}—wui^{4}……ng^{4}wui^{4} 误会（误会）

⑦ 其他发音规则的广州话拼音韵母一共有 9 个，分别为：ei、eo、ê、êu（êü）、ên、êng、éi、éng、ung。它们的发音规则如下：

ei——它的发音与汉语拼音韵母“ai”的发音较为接近，但“ei”发音的口型比“ai”稍扁。也可以简单理解为拉扁嘴巴发出汉语拼音韵母“ai”音即可。

eo——它的发音与汉语拼音韵母“ɑo”音较为接近，但“eo”的发音口型比“ɑo”稍扁。也可以简单理解为拉扁嘴巴发出汉语拼音韵母“ɑo”音即可。

ê——发音时舌尖下垂抵住下齿背，舌端向硬腭前部抬起，嘴唇拢成圆形，让气流呼出而发出的声音。也可以理解为：嘴唇圆拢着发出英语音标的/e/或/ε/音即可。

êü——又写作 êu。它的发音相当于从“ê”音向汉语拼音“ü”音滑动而成的音。

ên——它的发音相当于从“ê”音向鼻音“n”滑动而成的音。

êng——它的发音相当于从“ê”音向舌根鼻音“ng”滑动而成的音。

éi——它的发音相当于从“é”音向汉语拼音“i”音滑动而成的音，也可以理解为：它的读音与汉语拼音的“ei”音基本相同。

éng——它的发音相当于从“é”音向舌根鼻音“ng”滑动而成的音。

ung——它的发音相当于从汉语拼音“u”音向舌根鼻音“ng”滑动而成的音。

单字应用

ei^{1}—gei^{1} 鸡	ei^{2}—wei^{2} 位	ei^{4}—ngei^{4} 艺	ei^{6}—cei^{6} 齐	ei^{5}—mei^{5} 米	ei^{3}—sei^{3} 世
eo^{1}—seo^{1} 收	eo^{2}—zeo^{2} 酒	eo^{4}—ngeo^{4} 牛	eo^{6}—seo^{6} 受	eo^{5}—heo^{5} 厚	eo^{3}—geo^{3} 够
ê^{1}—hê^{1} 靴	ê^{2}—dê^{2} 朵	ê^{4}—lê^{4}	ê^{6}—pê^{6}	ê^{5}—nê^{5}	ê^{3}—gê^{3} 锯
êu^{1}—cêu^{1} 吹	êu^{2}—sêu^{2} 水	êu^{4}—pêu^{4} 陪	êu^{6}—zêu^{6} 聚	êu^{5}—nêu^{5} 女	êu^{3}—dêu^{3} 对

ên^1—sên^1 询	ên^2—zên^2 准	ên^4—lên^4 轮	ên^6—sên^6 顺	ên^5—tên^5 盾	ên^3—sên^3 信
êng^1—gêng^1 姜	êng^2—sêng^2 想	êng^4—lêng^4 粮	êng^6—zêng^6 象	êng^5—lêng^5 两	êng^3—zêng^3 酱
éi^1—géi^1 机	éi^2—béi^2 比	éi^4—féi^4 肥	éi^6—béi^6 备	éi^5—méi^5 美	éi^3—héi^3 汽
éng^1—téng^1 厅	éng^2—béng^2 饼	éng^4—zéng^4 净	éng^6—déng^6 订	éng^5—téng^5 艇	éng^3—léng^3 靓
ung^1—cung^1 葱	ung^2—zung^2 总	ung^4—hung^4 红	ung^6—yung^6 茸	ung^5—cung^5 重	ung^3—sung^3 餸

单词应用

éng^6—déng^6，ei^2—wei^2……déng^{6}wei^2 订位（订位）
ei^5—mei^5，eo^2—zeo^2……mei^{5}zeo^2 米酒（米酒）
ɑ^1—fɑ^1，ê^2—dê^2……fɑ^{1}dê^2 花朵（花朵）
eo^4—ngeo^4，ug^6—yug^6……ngeo^{4}yug^6 牛肉（牛肉）
éi^3—héi^3，êu^2—sêu^2……héi^{3}sêu^2 汽水（汽水）
ên^2—zên^2，i^4—xi^4……zên^{2}xi^4 准时（准时）
i^2—ji^2，êng^1—gêng^1……ji^{2}gêng^1 子姜（子姜）
éi^4—méi^4，ou^6—dou^6……méi^{4}dou^6 味道（味道）
ing^1—ging^1，éi^5—léi^5……ging^{1}léi^5 经理（经理）
ɑi^6—dɑi^6，éng^1—téng^1……dɑi^{6}téng^1 大厅（大厅）
in^1—jin^1，éng^2—béng^2……jin^{1}béng^2 煎饼（煎饼）
ün^3—xun^3，ung^6—yung^6……xun^{3}yung^6 蒜茸（蒜茸）

附注：（1）以字母“b、d、g”结尾的韵母都称为广州话入声调韵母，发音时都比较短促。

（2）韵母 ü 以及以 ü 开头的复韵母在与声母 j、q、x、y 相拼时，ü 上面的两点要去掉。

知识链接

什么是“九大簋”?

在饮食方面，或许你会偶尔听闻广东朋友说：“我请你吃九大簋啦!”那么，何谓“九大簋”呢?“九大簋”是广东一带的中国传统盛宴，意为丰盛的筵席，有九个大簋装放菜肴食物。“簋”原是古代祭祀时盛放食物的两耳圆形器皿。“九大簋”一词为粤语口头禅，因为“簋”同“鬼”两字同音，故有时也写作“九大鬼”。

“九大簋”作为盛宴，一般由八菜一汤组成，每道菜的菜名都有四个字以上，忌用三个字。这九道菜大体包括：一、乳猪拼盘或金猪成盘或红烧乳鸽；二、发菜扒鸭或发菜蚝豉或发菜猪腿或发菜猪舌；三、豉汁蟠龙蟮或蒜子焖大蟮；四、蜜饯大虾或白灼大虾或白切鸡或豉油鸡；五、酥炸鲜蚝或清蒸鲜蚝或清蒸带子；六、香芋扣肉或果仁鸡丁；七、清蒸海鲜鱼；八、时菜炒杂；九、瑶柱粟米羹。

第二部分

餐饮粤语实用会话精选

（广州话/拼音/普通话对照）

第一单元 接受顾客预订餐桌

经典高频句型

1 $\text{néi}^5\text{hou}^2$!
您 好!
(您好!)

2 zou^2sen^4!
早 晨!
(早上好!)

3 $\text{man}^5\text{sêng}^6\text{hou}^2$!
晚 上 好!
(晚上好!)

4 $\text{m}^4\text{goi}^1\text{sai}^3$!
唔 该 晒!
(非常感谢!)

5 $\text{m}^4\text{sei}^2\text{hag}^3\text{héi}^3$!
唔 使 客 气!
(不用客气!)

6 $\text{hou}^2\text{gé}^3$, $\text{mou}^5\text{men}^6\text{tei}^6$!
好 嘅, 冇 问 题!
(好的, 没问题!)

7 mou⁵ guan¹ hei⁶ ! / m⁴ gen² yiu³ !
冇 关 系！/唔 紧 要！
（没关系！）/（没关系！）

8 zoi³ gin³ !
再 见！
（再见！）

9 m⁴ goi¹ néi⁵ gé³ lei⁴ din⁴ !
唔 该 你 嘅 嚟 电 ！
（谢谢你的来电！）

10 qing² men⁶ yeo⁵ med¹ yé⁵ ho² yi⁵ bong¹ dou² néi⁵ a³ ?
请 问 有 乜 嘢 可 以 帮 倒 你 呀?
（请问有什么可以帮到你呢？）

11 qing² men⁶ yed¹ gung⁶ yeo⁵ géi² wei² a³ ?
请 问 一 共 有 几 位 呀?
（请问一共有几位？）

12 ngo⁵ sêng² déng⁶ zêng¹ lug⁶ go³ yen⁴ gé³ can¹ toi².
我 想 订 张 六 个 人 嘅 餐 台。
（我想订一张六个人的餐桌。）

13 qing² men⁶ néi⁵ déi⁴ géi² xi⁴ guong¹ lem⁴ a³ ?
请 问 你 哋 几 时 光 临 呀?
（请问你们什么时候光临？）

14 ngo⁵ déi⁴ gung¹ heo⁶ néi⁵ déi⁴ gé³ guong¹ lem⁴ !
我 哋 恭 候 你 哋 嘅 光 临 ！
（我们恭候你们的光临！）

15 m^{4}goi^{1}néi^{5}deng^{2}zen^{2}xin^{1}la^1!

唔该你等阵先啦!

(劳驾你先等一会儿吧!)

16 qing^{2}men^{6}xin^{1}sang^{1}guei^{3}xing^{3}a^3?

请问先生贵姓呀?

(请问先生贵姓?)

17 fun^{1}ying^{6}guong^{1}lem^{4}ngo^{5}déi^{4}zeo^{2}dim^3!

欢迎光临我哋酒店!

(欢迎光临我们酒店!)

18 ngo^{5}sêng^{2}yu^{4}déng^{6}seb^{6}sam^{1}toi^{4}zeo^{2}jig^6.

我想预订十三台酒席。

(我想预订十三桌酒席。)

19 zeng^{1}hei^{6}ma^{6}fan^{4}sai^3!

真系麻烦晒!

(真是太麻烦了!)

20 zeng^{1}hei^{6}m^{4}hou^{2}yi^{3}xi^1!

真系唔好意思!

(实在对不起!)

21 zeng^{1}hei^{6}dêu^{3}m^{4}ju^4!

真系对唔住!

(真的对不起!)

22 gem^{2}deg^{1}méi^{4}a^3?

噉得未呀?

(这样行了没有?)

23 qing2 men6 yiu3 gao1 géi2 do1 qin2 ngon3 gem1 a3?
请 问 要 交 几 多 钱 按 金 呀?
(请问要交多少钱押金呢?)

---

24 geng2 hei6 ho2 yi5 la1!
梗 系 可 以 啦!
(当然可以了!)

---

25 qing2 men6 dim2 seo1 fei3 ga3?
请 问 点 收 费 㗎?
(请问怎样收费的?)

---

26 qing2 men6 zung6 yiu3 di1 med1 yé5 a3?
请 问 重 要 啲 乜 嘢呀?
(请问还要些什么呢?)

---

27 qing2 men6 yeo5 med1 yé5 tiu4 jing2 a3?
请 问 有 乜 嘢 调 整 呀?
(请问有什么调整吗?)

---

28 qing2 men6 leo4 ging1 léi5 hei2 m4 hei2 dou6 a3?
请 问 刘 经 理 喺 唔 喺 度 呀?
(请问刘经理在吗?)

---

29 ngo5 sêng2 kog3 ying6 ha5 néi5 gé3 yu4 déng6.
我 想 确 认 下 你 嘅 预 订 。
(我想确认一下你的预订。)

---

30 gem1 man1 gé3 can1 toi2 déng6 mun5 sai3 la3!
今 晚 嘅 餐 台 订 满 晒 喇!
(今晚的餐桌被订满了!)

---

31 log6 yi3 hao6 lou6！
乐 意 效 劳！
（乐意效劳！）

32 ngo5 tung4 néi5 cég1 ha5 yeo5 mou5 hung1 wei2.
我 同 你 呎 下 有 冇 空 位。
（我替你查一查是否有空位。）

33 fun1 ying6 ha6 qi3 guong1 lem4！
欢 迎 下 次 光 临！
（欢迎下次光临！）

实战场景会话

1 散客预订（单桌预订）

会话1

fug6 mou4 yun4： zou2 sen4！wong4 ga1 zeo2 leo4！
服 务 员： 早 晨！皇 家 酒 楼！
（早上好！皇家酒楼！）

gu3 hag3： zou2 sen4！ngo5 sêng2 yu4 déng6 can1 wei2.
顾 客： 早 晨！我 想 预 订 餐 位。
（早上好！我想预订餐位。）

fug6 mou4 yun4： hou2 gé3，qing2 men6 xin1 sang1 guei3 xing3 a3？
服 务 员： 好 嘅，请 问 先 生 贵 姓 呀？
（好的，请问先生贵姓？）

gu3 hag3: ngo5 xing3 wong4, hei6 sam1 wag6 wong4.
顾　客：我姓王，系三画王。
（我姓王，是三横王。）

fug6 mou4 yun4: wong4 sang1, qing2 men6 yed1 gung4 yeo5 géi2 wei2 a3?
服务员：王生，请问一共有几位呀？
（王先生，请问一共有几位？）

gu3 hag3: lug6 wei2, ngo5 yiu3 déng6 zêng1 lug6 go3 yen4 gé3 can1 toi2.
顾　客：六位，我要订张六个人嘅餐台。
（六位，我要订一张六个人的餐桌。）

fug6 mou4 yun4: hou2 gé3, qing2 men6 néi5 déi4 géi2 xi4 guong1 lem4 a3?
服务员：好嘅，请问你哋几时光临呀？
（好的，请问你们什么时候光临呢？）

gu3 hag3: gem1 yed6 ngan3 zeo3 seb6 yi6 dim2 la1.
顾　客：今日晏昼十二点啦。
（今天中午十二点吧。）

fug6 mou4 yun4: hou2 gé3, ngo5 déi4 gung1 heo6 néi5 déi4 gé3 guong1 lem4!
服务员：好嘅，我哋恭候你哋嘅光临！
（好的，我们恭候你们的光临！）

gu3 hag3: m4 goi1 sai3!
顾　客：唔该晒！
（非常感谢！）

fug6 mou4 yun4: m4 sei2 hag3 héi3!
服务员：唔使客气！
（不用客气！）

会话2

fug^{6}mou^{4}yun^{4}： man^{5}sêng^{6}hou^{2}！ni^{1}dou^{6}hei^{6}guog^{3}zei^{3}dai^{6}zeo^{2}ga^{1}.
服 务 员： 晚 上 好！呢 度 系 国 际 大 酒 家。

（晚上好！这里是国际大酒家。）

gu^{3} hag^{3}： néi^{5}hou^{2}！ngo^{5}sêng^{2}bug^{1}zêng^{1}séi^{3}go^{3}yen^{4}gé^{3}can^{1}toi^{2}.
顾 客： 您 好！我 想 卟 张 四 个 人 嘅 餐 台。

（您好！我想订一张四个人的餐桌。）

fug^{6}mou^{4}yun^{4}： qing^{2}men^{6}néi^{5}déi^{4}co^{5}dai^{6}téng^{1}ding^{6}hei^{6}co^{5}bao^{1}
服 务 员： 请 问 你 哋 坐 大 厅 定 系 坐 包
fong^{2}a^{3}?
房 呀?

（请问你们坐大厅还是坐包房?）

gu^{3} hag^{3}： bao^{1}fong^{2}la^{1}！ho^{2}yi^{5}tei^{2}dou^{2}hoi^{2}ging^{2}gé^{3}.
顾 客： 包 房 啦！可 以 睇 倒 海 景 嘅。

（包房吧！可以看到海景的。）

fug^{6}mou^{4}yun^{4}： xiu^{2}zé^{2}，m^{4}goi^{1}néi^{5}deng^{2}zen^{2}xin^{1}，ngo^{5}tung^{4}néi^{5}
服 务 员： 小 姐，唔 该 你 等 阵 先，我 同 你
cég^{1}ha^{5}la^{1}！
呎 下 啦！

（小姐，劳驾你先等一会儿，我替你查一下吧！）

gu^{3} hag^{3}： hou^{2}gé^{3}，m^{4}goi^{1}sai^{3}！
顾 客： 好 嘅，唔 该 晒！

（好的，非常感谢！）

fug^{6}mou^{4}yun^4： ngo^{5}déi^{4}zung^{6}yeo^{5}gan^1“lam^{4}tin^{1}fong^2”，dim^{2}a^3？
服 务 员： 我 哋 重 有 间“蓝 天 房”，点 呀？

（我们还有一间“蓝天房”，怎么样？）

gu^3 hag^3： hou^{2}gé^3，mou^{5}men^{6}tei^6.
顾 客： 好 嘅，冇 问 题。

（好的，没问题。）

fug^{6}mou^{4}yun^4： qing^{2}men^{6}xiu^{2}zé^{2}dim^{2}qing^{1}fu^{1}a^3？
服 务 员： 请 问 小 姐 点 称 呼呀？

（请问小姐怎么样称呼呢？）

gu^3 hag^3： ngo^{5}xing^{3}cen^4，ngo^{5}giu^{3}cen^{4}dung^{1}mui^4.
顾 客： 我 姓 陈，我 叫 陈 冬 梅。

（我姓陈，我叫陈冬梅。）

fug^{6}mou^{4}yun^4： cen^{4}xiu^{2}zé^2，qing^{2}men^{6}néi^{5}gé^{3}din^{6}wa$^{6-2}$hou^{6}ma^5
服 务 员： 陈 小 姐，请 问 你 嘅 电 话 号 码
hei^{6}med^{1}yé^{5}a^3？
系 乜 嘢呀？

（陈小姐，请问你的电话号码是什么？）

gu^3 hag^3： hei^{6}sam^{1}sam^{1}yi^{6}bad^{3}ced^{1}ced^{1}bad^3.
顾 客： 系 3 3 2 8 7 7 8 。

（是3328778。）

fug^{6}mou^{4}yun^4： néi^{5}déi^{4}nem^{2}ju^{4}géi^{2}xi^{4}lei^{4}a^3？
服 务 员： 你 哋 谂 住 几 时 嚟呀？

（你们打算什么时间来？）

gu^{3} hag^{3}： ting^{1} yed^{6} sêng^{6} zeo^{3} geo^{2} dim^{2} bun^{3} dou^{2} la^{1}.
顾 客： 听 日 上 昼 九 点 半 倒 啦。
（明天上午九点半左右吧。）

fug^{6} mou^{4} yun^{4}： hou^{2} gé^{3}, ngo^{5} tung^{4} néi^{5} leo^{4} dou^{3} ting^{1} yed^{6} sêng^{6} zeo^{3} seb^{6} dim^{2} qin^{4} la^{1}.
服 务 员： 好 嘅，我 同 你 留 到 听 日 上 昼 十 点 前 啦。
（好的，我给你保留到明天上午十点前吧。）

gu^{3} hag^{3}： zeng^{1} hei^{6} m^{4} goi^{1} sai^{3}！
顾 客： 真 系 唔 该 晒！
（真是太感谢了！）

fug^{6} mou^{4} yun^{4}： m^{4} sei^{2} hag^{3} héi^{3}！zoi^{3} gin^{3}！
服 务 员： 唔 使 客 气！再 见！
（不必客气！再见！）

gu^{3} hag^{3}： zoi^{3} gin^{3}！
顾 客： 再 见！
（再见！）

会话3

fug^{6} mou^{4} yun^{4}： néi^{5} hou^{2}！hêng^{1} gong^{1} hoi^{2} xin^{1} méi^{5} xig^{6} can^{1} téng^{1}！
服 务 员： 您 好！香 江 海 鲜 美 食 餐 厅！
（你好！香江海鲜美食餐厅！）

gu^{3} hag^{3}： qing^{2} men^{6} néi^{5} déi^{4} can^{1} téng^{1} jiu^{1} zou^{2} géi^{2} dim^{2} ying^{6} yib^{6} a^{3}?
顾 客： 请 问 你 哋 餐 厅 朝 早 几 点 营 业 呀？
（请问你们餐厅早上几点钟营业？）

fug6 mou4 yun4：hei6 jiu1 zou2 bad3 dim2, qing2 men6 yeo5 med1 yé5 yiu3 bong1 seo2 ga3?
服　务　员：系朝早八点，请问有乜嘢要帮手㗎？

（是早上八点，请问有什么要帮忙的吗？）

gu3 hag3：ngo5 sêng2 déng6 zêng1 kao3 ju4 cêng1 bin1 gé3 can1 toi2.
顾　　客：我想订张靠住窗边嘅餐台。

（我想订一张靠着窗边的餐桌。）

fug6 mou4 yun4：qing2 men6 néi5 déi4 yed1 gung4 yeo5 géi2 wei2 a3?
服　务　员：请问你哋一共有几位呀？

（请问你们一共有几位？）

gu3 hag3：yed1 gung4 yeo5 bad3 wei2.
顾　　客：一共有八位。

（一共有八位。）

fug6 mou4 yun4：m4 hou2 yi3 xi1, kao3 cêng1 gé3 can1 toi2 dou1 mou5 gem3 dai6 gé3.
服　务　员：唔好意思，靠窗嘅餐台都冇咁大嘅。

（很抱歉，靠窗的餐桌都没那么大的。）

gu3 hag3：gem2 ho2 yi5 co5 géi2 go3 yen4 a3?
顾　　客：噉可以坐几个人呀？

（那可以坐多少个人？）

fug6 mou4 yun4：ji3 do1 ho2 yi5 co5 séi3 go3 yen4.
服　务　员：至多可以坐四个人。

（最多可以坐四个人。）

gu3 hag3：gem2 zung6 yeo5 mou5 dei6 di1 gé3 can1 toi2 a3？
顾 客：噉重有冇第啲嘅餐台呀？

（那还有没有别的餐桌呢？）

fug6 mou4 yun4：dai6 téng1 zung1 gan1 zung6 yeo5 zêng1 bad3 go3 yen4 gé3 can1 toi2，deg1 m4 deg1 a3？
服务员：大厅中间重有张八个人的餐台，得唔得呀？

（大厅中间还有一张八个人的餐桌，可以吗？）

gu3 hag3：mou5 guan1 hei6，m4 goi1 tung4 ngo5 déng6 log6 lei4 la1.
顾 客：冇关系，唔该同我订落嚟啦。

（没关系，请给我订下来吧。）

fug6 mou4 yun4：qing2 men6 a3 sang1 guei3 xing3 a3？
服务员：请问阿生贵姓呀？

（请问先生贵姓？）

gu3 hag3：ngo5 xing3 léi5.
顾 客：我姓李。

（我姓李。）

fug6 mou4 yun4：qing2 men6 néi5 yiu3 déng6 hei2 géi2 xi4 ga3？
服务员：请问你要订喺几时㗎？

（请问你要订在什么时候的呢？）

gu3 hag3：ting1 yed6 sêng6 zeo3 seb6 dim2.
顾 客：听日上昼十点。

（明天上午十点。）

fug^{6}mou^{4}yun^4： yu^{4}guo^{2}yeo^{5}bin^{3}fa^3,m^{4}goi^{1}tei^{6}qin^{4}tung^{1}ji^{1}ngo^{5}déi^{4}la^1！
服 务 员： 如果有变化,唔该提前 通知我哋啦！
（如果有变化，麻烦提前通知我们吧！）

gu^3 hag^3： hou^{2}gé^3.
顾 客： 好嘅。
（好的。）

fug^{6}mou^{4}yun^4： ngo^{5}déi^{4}dou^{3}xi^{4}gung^{1}heo^{6}néi^{5}déi^{4}gé^{3}guong^{1}lem^4！
服 务 员： 我 哋 到 时 恭 候 你 哋 嘅 光 临！
（我们到时恭候你们的光临！）

知识链接

如何接受顾客预订

客人常常是通过打电话或当面的方式向餐馆预订餐桌。当客人打电话来预订时，应礼貌地向客人问好；当客人前来当面预订时，应要注意自己的形象、谈吐并礼貌地向客人问候，然后详细地询问客人的姓名、单位名称、预订人数、用餐时间、台号或房号以及电话号码，并且要有礼貌地向客人询问预订的菜式、标准、付款方式及其他特别要求。最后应向客人重复一遍预订的内容是否准确无误。以上工作必须要认真做好记录，安排好后要通知客人给予确认。

② 宴席预订

会话1

fug6 mou4 yun4： fun1 ying6 guong1 lem4 ngo5 déi4 zeo2 dim3！
服务员： 欢迎光临我哋酒店！
（欢迎光临我们酒店！）

gu3 hag3： ngo5 sêng2 yu4 déng6 seb6 sam1 toi4 zeo2 jig6.
顾客： 我想预订十三台酒席。
（我想预订十三桌酒席。）

fug6 mou4 yun4： qing2 men6 néi5 hei6 déng6 hei2 géi2 xi4 ga3？
服务员： 请问你系订喺几时㗎？
（请问你是订在什么时间的？）

gu3 hag3： ni1 go3 lei5 bai3 lug6 man5 hag1 ced1 dim2.
顾客： 呢个礼拜六晚黑七点。
（这个星期六晚上七点。）

fug6 mou4 yun4： m4 goi1 néi5 deng2 ha5，ngo5 tung4 néi5 ca4 ha5 la1！
服务员： 唔该你等下，我同你查下啦！
（请你稍等，我替你查一下吧！）

gu3 hag3： hou2 gé3，zeng1 hei6 ma4 fan4 sai3！
顾客： 好嘅，真系麻烦晒！
（好的，真是太麻烦了！）

fug6 mou4 yun4： qing2 men6 néi5 yiu3 yin3 qing2 géi2 do1 yen4 a3？
服务员： 请问你要宴请几多人呀？
（请问你要宴请多少人？）

gu3 hag3： yed1 bag3 sam1 seb6 yen4 zo2 yeo6 la1.
顾客： 一百三十人左右啦。
（一百三十人左右吧。）

fug⁶mou⁴yun⁴：m⁴hou²yi³xi¹，ngo⁵déi⁴zeo⁶deg¹tung⁴néi⁵ngon¹pai⁴ seb⁶yi⁶jig⁶.
服务员：唔好意思，我哋就得同你安排十二席。

（很抱歉，我们只能为你安排十二席。）

gu³hag³：gem²dou¹hou²la¹，m⁴goi¹sai³！
顾客：噉都好啦，唔该晒！

（那也行吧，太感谢了！）

fug⁶mou⁴yun⁴：m⁴goi¹leo⁶dei¹néi⁵gé³xing³ming⁶tung⁴din⁶wa⁶⁻² hou⁴ma⁵la¹.
服务员：唔该留低你嘅姓名同电话号码啦。

（请留下你的姓名和电话号码吧。）

gu³hag³：hou²gé³，mou⁵men⁶tei⁶.
顾客：好嘅，冇问题。

（好的，没问题。）

fug⁶mou⁴yun⁴：qing²men⁶néi⁵hei⁶m⁴hei⁶ji⁴géi²dim²sung³a³？
服务员：请问你系唔系自己点餸呀？

（请问你是不是自己点菜呢？）

gu³hag³：m⁴hei⁶，néi⁵déi⁴tung⁴ngo⁵ngon¹pai⁴la¹！
顾客：唔系，你哋同我安排啦！

（不是，你们为我安排吧！）

fug⁶mou⁴yun⁴：gem²néi⁵gé³zeo²jig⁶yiu³med¹yé⁵ga³wei²ga³？
服务员：噉你嘅酒席要乜嘢价位㗎？

（那你的酒席要什么价位的？）

gu3 hag3： yiu3 zung1 deng2 ga3 wei2 zeo6 deg1 la3.
顾　客： 要中等价位就得喇。
（要中等价位就行了。）

fug6 mou4 yun4： gem2 néi5 gé3 zeo2 jig6 yiu3 man6 yi6 men1 dou2.
服务员： 噉你嘅酒席要万二蚊倒。
（那你的酒席要一万两千块左右。）

gu3 hag3： yiu3 gao1 géi2 do1 qin2 ngon3 gem1 a3?
顾　客： 要交几多钱按金呀？
（要交多少钱押金呢？）

fug6 mou4 yun4： gao1 séi3 qin1 men1 zeo6 deg1 la3.
服务员： 交四千蚊就得喇。
（交四千块就行了。）

gu3 hag3： hou2 gé3, mou5 men6 tei6.
顾　客： 好嘅，冇问题。
（好的，没问题。）

fug6 mou4 yun4： zung6 yiu3 di1 med1 yé5 dad6 bid6 gé3 fug6 mou4 a3?
服务员： 重要啲乜嘢特别嘅服务呀？
（还需要些什么特别的服务吗？）

gu3 hag3： go2 yed6 hei6 ngo5 yeb6 fo2, can1 téng1 yeb6 bin6 gua3 di1 deng1 lung4 la1!
顾　客： 吖日系我入伙，餐厅入便挂啲灯笼啦！
（那天是我搬新居，餐厅里面挂些灯笼吧！）

fug6 mou4 yun4： hou2 gé3，ngo5 déi4 gung1 heo6 néi5 déi4 gé3 guong1 lem4！
服务员： 好嘅，我哋恭候你哋嘅光临！

（好的，我们恭候你们的光临！）

会话2

fug6 mou4 yun4： zou2 sen4！fug1 lem4 mun4 zeo2 ga1！
服务员： 早晨！福临门酒家！

（早上好！福临门酒家！）

gu3 hag3： ngo5 sêng2 hei2 néi5 déi4 zeo2 ga1 gêu2 hang4 fen1 yin3.
顾客： 我想喺你哋酒家举行婚宴。

（我想在你们酒家举行婚宴。）

fug6 mou4 yun4： hou2 gé3，qing2 men6 yiu3 dai6 téng1 zung6 hei6 yiu3 bao1 fong2 a3？
服务员： 好嘅，请问要大厅重系要包房呀？

（好的，请问要大厅还是要包房？）

gu3 hag3： ngo5 nem2 ju4 déng6 néi5 déi4 zeo2 ga1 gé3 héi2 lem4 mun4 bao1 fong2.
顾客： 我谂住订你哋酒家嘅喜临门包房。

（我想订你们酒家的喜临门包房。）

fug6 mou4 yun4： qing2 men6 néi5 yiu3 qing2 géi2 do1 go3 yen4 a3？
服务员： 请问你要请几多个人呀？

（请问你要请多少个人？）

gu3　hag3：ng5 seb6 dou3 lug6 seb6 yen4 dou2 la1！
顾　客：五十到六十人倒啦！

（五十到六十人左右吧！）

fug6 mou4 yun4：dêu3 m4 ju4，xin1 sang1！héi2 lem4 mun4 co5 m4 dou2 gem3 do1 yen4.
服务员：对唔住，先生！喜临门坐唔倒咁多人。

（对不起，先生！喜临门坐不了那么多人。）

gu3　hag3：gem2 dim2 xun3 a3？
顾　客：噉点算呀？

（那怎么办呢？）

fug6 mou4 yun4：ngo5 tung4 néi5 ngon1 pai4 mun5 yun4 cên1 fong2 la1，dim2 a3？
服务员：我同你安排满园春房啦，点呀？

（我给你安排满园春房吧，怎样？）

gu3　hag3：mun5 yun4 cên1 hei6 m4 hei6 guei3 guo3 héi2 lem4 mun4 a3？
顾　客：满园春系唔系贵过喜临门呀？

（满园春是不是比喜临门贵呢？）

fug6 mou4 yun4：guei3 guo3 sé1 xiu2，bed1 guo3 mun5 yun4 cên1 zong1 seo1 léng3 hou2 do1 ga3.
服务员：贵过些少，不过满园春装修靓好多㗎。

（稍贵一点儿，不过满园春装修漂亮很多的。）

gu3　hag3：　gem2 zeo6 déng6 mun5 yun4 cên1 la1.
顾　客：　嗽就订满园春啦。

（那就订满园春吧。）

fug6 mou4 yun4：　qing2 men6 néi5 gé3 fen1 yin3 géi2 xi4 gêu2 hang4 a3？
服务员：　请问你嘅婚宴几时举行呀？

（请问你的婚宴何时举行？）

gu3　hag3：　ha6 go3 lei5 bai3 sam1 man5 hag1 ced1 dim2 bun3.
顾　客：　下个礼拜三晚黑七点半。

（下个星期三晚上七点半。）

fug6 mou4 yun4：　yiu3 m4 yiu3 di1 med1 yé5 dad6 bid6 gé3 bou3 ji3 a3？
服务员：　要唔要啲乜嘢特别嘅布置呀？

（需要些什么特别的布置呢？）

gu3　hag3：　bao1 fong2 yeb6 bin6 bai2 di1 xin1 fa1 la1！
顾　客：　包房入便摆啲鲜花啦！

（包房里面摆放些鲜花吧！）

fug6 mou4 yun4：　hou2 gé3. ngo5 gin3 yi5 bao1 fong2 yeb6 bin6 bai2 ng5 zêng1 toi2, dim2 a3？
服务员：　好嘅。我建议包房入便摆五张台，点呀？

（好的。我建议包房里放五张桌，怎么样？）

gu3　hag3：　deg1, mou5 men6 tei6.
顾　客：　得，冇问题。

（可以，没问题。）

fug6 mou4 yun4： xin1 sang1，néi5 sêng2 fen1 yin3 gé3 ga3 wei2 hei6 dim2 ga3？
服务员： 先生，你想婚宴嘅价位系点㗎？
（先生，你想婚宴的价位是怎样的呢？）

gu3 hag3： ngo5 yiu1 keo4 hei6 zêu3 hou2 gé3，mui5 toi2 géi2 qin2 a3？
顾客： 我要求系最好嘅，每台几钱呀？
（我要求是最好的，每桌多少钱？）

fug6 mou4 yun4： lêng5 qin1 men1 yed1 toi2 hei6 zêu3 hou2 ga3 la3.
服务员： 两千蚊一台系最好㗎喇。
（两千块一桌是最好的了。）

gu3 hag3： bao1 m4 bao1 mai4 zeo2 sêu2 tung4 sang1 guo2 a3？
顾客： 包唔包埋酒水同生果呀？
（包括酒水和水果吗？）

fug6 mou4 yun4： dou1 bao1 mai4 ga3 la3！
服务员： 都包埋㗎喇！
（都包括了！）

gu3 hag3： zeo6 déng6 lêng5 qin1 men1 yed1 toi2 gé3 la1.
顾客： 就订两千蚊一台嘅啦。
（就订两千块一桌的吧。）

fug6 mou4 yun4： qing2 men6 néi5 yiu3 m4 yiu3 ting4 cé1 cêng4 a3？
服务员： 请问你要唔要停车场呀？
（请问你需要停车场吗？）

gu3 hag3： yiu3 gé3，dou3 xi4 yeo5 seb6 ga3 cé1.
顾客： 要嘅，到时有十架车。
（要的，到时有十辆车。）

fug^{6}mou^{4}yun^{4}： hou^{2}gé^{3}, dan^{6}hei^{6}yiu^{3}ling^{6}ngoi^{4}béi^{2}ting^{4}cé^{1}fei^{3}gé^{3}.
服务员： 好嘅，但系要另外畀停车费嘅。
（好的，但是要另外付停车费的。）

gu^{3} hag^{3}： qing^{2}men^{6}dim^{2}seo^{1}fei^{3}ga^{3}?
顾客： 请问点收费㗎？
（请问怎样收费的呢？）

fug^{6}mou^{4}yun^{4}： yed^{1}ga^{3}cé^{1}ng^{5}men^{1}yed^{1}go^{3}zung^{1}.
服务员： 一架车五蚊一个钟。
（一辆车五元一小时。）

gu^{3} hag^{3}： hou^{2}gé^{3}, mou^{5}men^{6}tei^{6}.
顾客： 好嘅，冇问题。
（好的，没问题。）

fug^{6}mou^{4}yun^{4}： qing^{2}men^{6}a^{3}sang^{1}dim^{2}qing^{1}fu^{1}a^{3}?
服务员： 请问阿生点称呼呀？
（请问先生怎样称呼？）

gu^{3} hag^{3}： ngo^{5}xing^{3}zêng^{1}, ngo^{5}giu^{3}zêng^{1}wa^{6}.
顾客： 我姓张，我叫张华。
（我姓张，我叫张华。）

fug^{6}mou^{4}yun^{4}： qing^{2}men^{6}néi^{5}gé^{3}din^{6}wa$^{6-2}$hou^{6}ma^{5}hei^{6}med^{1}yé^{5}a^{3}?
服务员： 请问你嘅电话号码系乜嘢呀？
（请问你的电话号码是什么？）

gu^{3} hag^{3}： hei^{6}bad^{3}lug^{6}ced^{1}bad^{3}ma^{1}yi^{6}ma^{1}sam^{1}.
顾客： 系 8 6 7 8 孖 2 孖 3 。
（是 86782233。）

fug6mou4yun4：zêng1sang1，néi5géi2xi4fong1bin6gao1ngon3gem1a3?
服务员：张生，你几时方便交按金呀？
（张先生，你什么时候方便交押金呢？）

gu3hag3：qing2men6yiu3gao1géi2do1qin2ngon3gem1a3?
顾客：请问要交几多钱按金呀？
（请问要交多少钱押金？）

fug6mou4yun4：néi5gao1bag3fen4ji1sam1seb6gé3ngon3gem1zeo6deg1la3.
服务员：你交百分之三十嘅按金就得喇。
（你交百分之三十的押金就行了。）

gu3hag3：hou2gé3，ngo5gem1yed6ha6zeo3guo3hêu3gao1la1.
顾客：好嘅，我今日下昼过去交啦。
（好的，我今天下午过去交吧。）

fug6mou4yun4：ngo5wui5tung4néi5ngon1pai4hou2gé3，zug1sen1fen1yu6fai3!
服务员：我会同你安排好嘅，祝新婚愉快！
（我会为你安排好的，祝新婚愉快！）

会话3

fug6mou4yun4：néi5hou2!wa6kiu4ben1gun2tung4néi5fug6mou4!
服务员：您好！华侨宾馆同你服务！
（您好！华侨宾馆为你服务！）

gu3hag3：ngo5nem2ju4hei2guei3ben1gun2gêu2hang4sang1yed6yin3wui4.
顾客：我谂住喺贵宾馆举行生日宴会。
（我打算在贵宾馆举行生日宴会。）

fug6mou4yun4： xiu2zé2, qing2men6yin3wui4déng6hei2géi2xi4a3?
服 务 员： 小姐，请 问 宴 会 订 喺 几 时呀？
（小姐，请问宴会订在什么时候？）

gu3 hag3： heo6yed6ha6zeo3lug6dim2.
顾 客： 后 日 下 昼 六 点。
（后天下午六点。）

fug6mou4yun4： qing2men6yed1gung4yeo5géi2do1yen4cam1ga1a3?
服 务 员： 请 问 一 共 有 几 多 人 参 加呀？
（请问一共有多少人参加？）

gu3 hag3： ya6géi2go3la1!
顾 客： 廿 几 个 啦！
（二十几个吧！）

fug6mou4yun4： gem2ngo5tung4néi5ngon1pai4sam1zêng1toi2la1.
服 务 员： 噉 我 同 你 安 排 三 张 台 啦。
（那我给你安排三张桌吧。）

gu3 hag3： hou2gé3, hei6dai6téng1zung6hei6bao1fong2a3?
顾 客： 好 嘅，系 大 厅 重 系 包 房 呀？
（好的，是大厅还是包房？）

fug6mou4yun4： hei6bao1fong2, hei2fug1seo6gog3, dim2a3?
服 务 员： 系 包 房，喺 福 寿 阁，点 呀？
（是包房，在福寿阁，怎么样？）

gu3 hag3： ngo5hou2zung1yi3, hou2yi3teo6!
顾 客： 我 好 中 意，好 意 头！
（我很喜欢，很吉利！）

fug6mou4yun4：qing2 men6 néi5 gé3 yin3 wui4 déng6 hei2 med1 yé5 biu1 zên2 a3？
服务员：请问你嘅宴会订喺乜嘢标准呀？
（请问你的宴会订在什么标准？）

gu3 hag3：qin1 léng6 men1 yed1 toi2 zeo6 deg1 la3.
顾客：千零蚊一台就得喇。
（一千来块一桌就行了。）

fug6mou4yun4：qing2 men6 néi5 hei6 m4 hei6 yi6 ga1 dim2 sung3 a3？
服务员：请问你系唔系而家点餸呀？
（请问你是不是现在点菜呢？）

gu3 hag3：m4 hei6，ngo5 sêng2 deng2 hag3 yen4 ji4 géi2 dim2.
顾客：唔系，我想等客人自己点。
（不是，我想让客人自己点。）

fug6mou4yun4：qing2 men6 néi5 yiu3 di1 med1 yé5 zeo2 sêu2 a3？
服务员：请问你要啲乜嘢酒水呀？
（请问你要些什么酒水？）

gu3 hag3：m4 goi1 zên2 béi4 di1 sang1 lig6 bé1 zeo2 tung4 hêng1 ben1 la1.
顾客：唔该准备啲生力啤酒同香槟啦。
（请准备些生力啤酒和香槟吧。）

fug6mou4yun4：néi5 sêng2 yiu3 di1 med1 yé5 sang1 guo2 a3？
服务员：你想要啲乜嘢生果呀？
（你想要些什么水果？）

gu3 hag3：yiu3 di1 ping6 guo2 tung4 di1 sei1 gua1 la1.
顾客：要啲苹果同啲西瓜啦。
（要一些苹果和一些西瓜吧。）

fug^6 mou^4 yun^4：hou^2 gé^3，qing^2 men^6 zung^6 yeo^5 med^1 yé^5 ho^2 yi^5 bong^1 dou^2 néi^5 a^3？
服 务 员：好嘅，请问重有乜嘢可以帮倒你呀？
（好的，请问还有什么可以帮到你呢？）

gu^3 hag^3：qing^2 men^6 ho^2 m^4 ho^2 yi^5 tung^4 ngo^5 déng^6 go^3 sang^1 yed^6 dan^6 gou^1 a^3？
顾 客：请问可唔可以同我订个生日蛋糕呀？
（请问可以为我订一个生日蛋糕吗？）

fug^6 mou^4 yun^4：ho^2 yi^5 gé^3，qing^2 men^6 xiu^2 zé^2 giu^3 med^1 yé^5 méng^2 a^3？
服 务 员：可以嘅，请问小姐叫乜嘢名呀？
（可以的，请问小姐叫什么名字？）

gu^3 hag^3：ngo^5 giu^3 leo^4 xiu^2 lei^4，sei^2 m^4 sei^2 gao^1 ngon^3 gem^1 a^3？
顾 客：我叫刘小丽，使唔使交按金呀？
（我叫刘小丽，用不用交押金呢？）

fug^6 mou^4 yun^4：yiu^3 gao^1 yed^1 qin^1 men^1 ngon^3 gem^1.
服 务 员：要交一千蚊按金。
（要交一千块钱押金。）

gu^3 hag^3：gem^2 ngo^5 ting^1 yed^6 sêng^6 zeo^3 gao^1 la^1.
顾 客：噉我听日上昼交啦。
（那我明天上午交吧。）

fug^6 mou^4 yun^4：hou^2 gé^3，ngo^5 déi^4 gung^1 heo^6 néi^5 gé^3 guong^1 lem^4！
服 务 员：好嘅，我哋恭候你嘅光临！
（好的，我们恭候你的光临！）

3 确认顾客预订

会话1

fug6 mou4 yun4: wei2, néi5 hou2! qing2 men6 hei6 m4 hei6 cen4 dung1 mui4 xiu2 zé2 a3?
服务员：喂，您好！请问系唔系陈冬梅小姐呀？

（喂，您好！请问是陈冬梅小姐吗？）

gu3 hag3: ngo5 zeo6 hei6, qing2 men6 néi5 hei6 bin1 go3 a3?
顾客：我就系，请问你系边个呀？

（我就是，请问你是谁？）

fug6 mou4 yun4: ngo5 hei6 guog3 zei3 dai6 zeo2 ga1 gé3 léi5 wei2.
服务员：我系国际大酒家嘅李伟。

（我是国际大酒家的李伟。）

gu3 hag3: néi5 hou2! qing2 men6 yeo5 med1 yé5 xi6 a3?
顾客：您好！请问有乜嘢事呀？

（您好，请问有什么事？）

fug6 mou4 yun4: néi5 déng6 gé3 lam4 tin1 fong2 yeo5 mou5 med1 yé5 tiu4 jing2 a3?
服务员：你订嘅蓝天房有冇乜嘢调整呀？

（你订的蓝天房有什么调整吗？）

gu3 hag3: mou5 med1 yé5 tiu4 jing2.
顾客：冇乜嘢调整。

（没什么调整。）

fug6 mou4 yun4： yig6 zeo6 hei6 ting1 yed6 sêng6 zeo3 geo2 dim2 bun3.
服 务 员： 亦就系听日上昼九点半。
（也就是明天上午九点半。）

gu3 hag3： hei6 a3, ngo5 wui5 zên2 xi4 guong1 lem4 gé3.
顾 客： 系呀，我会准时光临嘅。
（是的，我会准时光临的。）

fug6 mou4 yun4： gung1 heo6 néi5 gé3 guong1 lem4, zoi3 gin3!
服 务 员： 恭候你嘅光临，再见！
（恭候你的光临，再见！）

gu3 hag3： zoi3 gin3!
顾 客： 再见！
（再见！）

会话2

jib3 xin3 sang1： néi5 hou2! ni1 dou6 hei6 wei2 lig6 din4 héi3 gung1 xi1!
接 线 生： 您好！呢度系伟力电器公司！
（您好！这里是伟力电器公司！）

fug6 mou4 yun4： néi5 hou2! m4 goi1 tung4 ngo5 jun2 yen4 xi6 bou6 la1!
服 务 员： 您好！唔该同我转人事部啦！
（您好！劳驾给我接人事部吧！）

jib3 xin3 sang1： hou2 gé3, m4 goi1 deng2 zen6-2, ngo5 tung4 néi5 jun2 guo3 hêu3.
接 线 生： 好嘅，唔该等阵，我同你转过去。
（好的，请稍等，我替你接过去。）

fug^{6}mou^{4}yun^4： wei^2, qing^{2}men^{6}leo^{4}ging^{1}léi^{5}hei^{2}m^{4}hei^{2}dou^{6}a^3?
服务员： 喂，请问刘经理喺唔喺度呀?

（喂，请问刘经理在吗?）

gu^3 hag^3： ngo^{5}zeo^{6}hei^6, qing^{2}men^{6}néi^{5}hei^{6}bin^{1}wei^{2}a^3?
顾 客： 我就系，请问你系边位呀?

（我就是，请问你是哪位?）

fug^{6}mou^{4}yun^4： ngo^{5}hei^{6}dei^{3}hou^{4}can^{1}gun^{2}gé^{3}léng^{5}ban^{1}cen^{4}dung^{1}wa^6.
服务员： 我系帝豪餐馆嘅领班陈东华。

（我是帝豪餐馆的领班陈东华。）

gu^3 hag^3： néi^{5}hou^2! cen^{4}sang^1, qing^{2}men^{6}néi^{5}wen^{2}ngo^{5}yeo^5 xi^{6}mé^1?
顾 客： 您好！陈生，请问你揾我有事咩?

（您好！陈先生，请问你找我有事吗?）

fug^{6}mou^{4}yun^4： hei^{6}a^3, ngo^{5}sêng^{2}kog^{3}ying^{6}ha^{5}néi^{5}gé^{3}yu^{4}déng^6 yeo^{5}mou^{5}bin^{3}dung^4.
服务员： 系呀，我想确认下你嘅预订有冇变动。

（是的，我想确认一下你的预订有没有变动。）

gu^3 hag^3： zeng^{1}hei^{6}do^{1}zé^{6}néi^{5}gé^{3}lei^{4}din^4, ngo^{5}sêng^{2}ng^{5}can^1 déng^{6}seb^{6}yi^{6}toi^2.
顾 客： 真系多谢你嘅嚟电，我想午餐订十二台。

（真是谢谢你的来电，我想午餐订十二桌。）

fug⁶mou⁴yun⁴： yig⁶zeo⁶hei⁶yeo⁶seb⁶toi²goi²wei⁴seb⁶yi⁶toi², hei⁶m⁴
服 务 员： 亦就系由十台改为十二台，系唔
hei⁶ a³？
系呀？

（也就是由十桌改为十二桌，是吗？）

gu³ hag³： mou⁵co³.
顾 客： 冇错。

（没错。）

fug⁶mou⁴yun⁴： ngo⁵ji¹la³, ngo⁵déi⁴dou³xi⁴gung¹heo⁶néi⁵déi⁴gé³
服 务 员： 我知喇，我哋到时恭候你哋嘅
guong¹lem⁴！
光临！

（我知道了，我们到时恭候你们的光临！）

知识链接

何谓中西餐宴会

中餐宴会是中国传统并具有民族特色的宴会。宴会遵循中国的饮食习惯，饮中国酒，吃中国菜肴，用中国餐具和行中国传统礼节。西餐宴会是按西方国家宴会的形式举办的宴会，其特点是摆西餐桌，吃西菜西点，使用多套餐刀、餐叉和餐匙，菜点按份分吃，进餐中间常放轻音乐。这两种宴会均属于正式宴会。

中国人宴请外国人时，通常都是中餐西吃，也就是说，吃的是中国菜，在摆碗筷的同时也摆放刀叉，以方便不会用碗筷的客人。用餐时都放上公筷，这样较卫生，也符合外国人的习惯。随着我国对外交往的越来越多，西餐也为我国民众所接受。

4 餐桌全部被预订

会话1

gu3 hag3: wei2, qing2 men6 hei6 m4 hei6 dai6 ming6 ju1 zeo2 leo4 a3?
顾　客：喂，请问系唔系大明珠酒楼呀？

（喂，请问是大明珠酒楼吗？）

fug6 mou4 yun4: hei6 a3, qing2 men6 yeo5 med1 yé5 ho2 yi5 bong1 dou2 néi5 a3?
服务员：系呀，请问有乜嘢可以帮倒你呀？

（是的，请问有什么可以帮到你？）

gu3 hag3: ngo5 sêng2 déng6 zêng1 gem1 man5 bad3 dim2 lug6 go3 yen4 gé3 can1 toi2.
顾　客：我想订张今晚八点六个人嘅餐台。

（我想订一张今晚八点六个人的餐桌。）

fug6 mou4 yun4: m4 hou2 yi3 xi1, gem1 man5 gé3 can1 toi2 dou1 déng6 mun5 sai3 la3.
服务员：唔好意思，今晚嘅餐台都订满晒喇。

（很抱歉，今晚的餐桌都被订满了。）

gu3 hag3: dim2 gai2 a3?
顾　客：点解呀？

（为什么？）

fug6 mou4 yun4: gem1 man5 yeo5 hag3 yen4 gêu2 hang4 yin3 wui4.
服务员：今晚有客人举行宴会。

（今晚有客人举行宴会。）

gu^{3} hag^{3}： gem^{2} mou^{5} gei^{2} la^{1}.
顾 客： 噉 冇 计 啦。

（那没办法了。）

fug^{6} mou^{4} yun^{4}： ngo^{5} tung^{4} néi^{5} lin^{4} hei^{6} kéi^{4} ta^{1} zeo^{2} ga^{1} la^{1}, dim^{2} a^{3}?
服务员： 我 同 你 联 系 其 他 酒 家 啦，点 呀？

（我跟你联系其他酒家吧，怎么样？）

gu^{3} hag^{3}： hou^{2} gé^{3}, zeng^{1} hei^{6} m^{4} goi^{1} sai^{3}!
顾 客： 好 嘅，真 系 唔 该 晒！

（好的，真的太感谢了！）

fug^{6} mou^{4} yun^{4}： néi^{5} zung^{1} yi^{3} xig^{6} bin^{1} zung^{2} dad^{6} xig^{1} gé^{3} coi^{3} a^{3}?
服务员： 你 中 意 食 边 种 特 色 嘅 菜 呀？

（你喜欢吃哪一种特色的菜？）

gu^{3} hag^{3}： ngo^{5} déi^{4} dou^{1} hou^{2} zung^{1} yi^{3} xig^{6} yud^{6} coi^{3}.
顾 客： 我 哋 都 好 中 意 食 粤 菜。

（我们都很喜欢吃粤菜。）

fug^{6} mou^{4} yun^{4}： gem^{2} ngo^{5} tung^{4} néi^{5} lin^{4} hei^{6} "xig^{6} sen^{4} zeo^{2} ga^{1}" la^{1},
服务员： 噉 我 同 你 联 系"食 神 酒 家"啦，
hou^{2} m^{4} hou^{2} a^{3}?
好 唔 好 呀？

（那我为你联系"食神酒家"吧，好吗？）

gu^{3} hag^{3}： go^{2} dou^{6} gé^{3} yud^{6} coi^{3} méi^{4} dou^{4} dim^{2} a^{3}?
顾 客： 吓 度 嘅 粤 菜 味 道 点 呀？

（那里的粤菜味道怎样？）

fug6mou4yun4： hou2yeo5dad6xig1，méi4dou4dou1m4co3.
服 务 员： 好有特色，味道都唔错。

（挺有特色，味道也不错。）

gu3 hag3： gem2m4goi1tung4ngo5lin4hei6la1！
顾 客： 噉唔该同我联系啦！

（那麻烦为我联系吧！）

fug6mou4yun4： hou2gé3，ngo5jig1hed1da2din6wa6-2guo3hêu3.
服 务 员： 好嘅，我即刻打电话过去。

（好的，我马上打电话过去。）

gu3 hag3： zeng1hei6ma6fan6sai3néi5la3！
顾 客： 真系麻烦晒你喇！

（真的太麻烦你了！）

fug6mou4yun4： log6yi3hao6lou6.
服 务 员： 乐意效劳。

（乐意效劳。）

会话2

fug6mou4yun4： fun1ying6guong1lem4zêu6hêng1leo4ca4can1téng1！
服 务 员： 欢迎光临聚香楼茶餐厅！

（欢迎光临聚香楼茶餐厅！）

gu3 hag3： néi5hou2！ngo5sêng2déng6géi2toi4yin3jig6.
顾 客： 您好！我想订几台宴席。

（您好！我想订几桌宴席。）

fug^{6} mou^{4} yun^{4}：néi^{5} sêng^{2} yu^{4} déng^{6} géi^{2} xi^{4} gé^{3} yin^{3} jig^{6} a^{3}？
服务员：你想预订几时嘅宴席呀？

（你想预订什么时间的宴席呢？）

gu^{3} hag^{3}：ngo^{5} sêng^{2} déng^{6} ting^{1} man^{5} gé^{3} yin^{3} jig^{6}，ho^{2} m^{4} ho^{2} yi^{5} ngon^{1} pai^{4} a^{3}？
顾客：我想订听晚嘅宴席，可唔可以安排呀？

（我想订明晚的宴席，可以安排吗？）

fug^{6} mou^{4} yun^{4}：m^{4} goi^{1} deng^{2} zen$^{6-2}$，ngo^{5} tung^{4} néi^{5} ceg^{1} ha^{5} yeo^{5} mou^{5} hung^{1} wei^{2}.
服务员：唔该等阵，我同你𠺝下有冇空位。

（请稍等，我跟你查一下是否有空位。）

gu^{3} hag^{3}：hou^{2} gé^{3}，m^{4} goi^{1}！
顾客：好嘅，唔该！

（好的，谢谢！）

fug^{6} mou^{4} yun^{4}：dêu^{3} m^{4} ju^{4}，xin^{1} sang^{1}！ting^{1} man^{5} gé^{3} can^{1} toi^{2} dou^{1} déng^{6} sai^{3} la^{3}.
服务员：对唔住，先生！听晚嘅餐台都订晒喇。

（对不起，先生！明晚的餐桌都订光了。）

gu^{3} hag^{3}：gem^{2} ngo^{5} hêu^{3} dei^{6} di^{1} can^{1} téng^{1} tei^{2} ha^{5} la^{1}！
顾客：噉我去第啲餐厅睇下啦！

（那我到别的餐厅去看看吧！）

fug^{6}mou^{4}yun^{4}： fun^{1}ying^{6}ha^{6}qi^{3}guong^{1}lem^{4}，zoi^{3}gin^{3}！
服 务 员： 欢 迎 下 次 光 临，再 见！

（欢迎下次光临，再见！）

gu^{3} hag^{3}： zoi^{3}gin^{3}！
顾 客： 再 见！

（再见！）

知识链接

广东人的饮食文化

“吃在广东”，这是众有所闻的一句话，意思是说广东人口福不浅，什么都敢吃，包括天上飞的、地下爬的和水里游的。广东菜统称为粤菜，是我国著名的八大菜系之一。它包含广州菜、潮汕菜和客家菜三个菜系，其中以广州菜为主要代表，故有“食在广州”之称。

广东人把吃早餐叫喝早茶，他们所说的喝早茶其实就是喝茶、吃点心和聊天。广东人的正餐首先从汤开始，饭前要喝汤。他们对喝汤很讲究，认为喝汤是一种补身之道，煮汤的用料和汤的名称五花八门。主食以大米为主，有时也配有一些地瓜、芋头、玉米等之类的熟食。菜肴方面以各种肉食、海鲜及山珍海味为主，肉类居多，蔬菜偏少，真所谓无肉不成宴。正餐之后，还会有一道甜品或一些水果。

广东人饮食中对茶、烟、酒的要求非常讲究，富于地方特色和文化特色。另外，餐具的使用也非常讲究。他们在集体用餐时，除了每人配有一套餐具外，每道主菜都配有公筷、公叉、公勺等餐具。因此，千万别用私筷去取菜，否则，会被认为不卫生、不礼貌和有失公共礼仪。

语法详解

1 您好！——（您好！） 这是广州话一般相互见面时的问候语，正式或非正式场合都可使用。

2 早晨！——（早上好！） 这是广州话早上问好的惯用语。

3 晚上好！——（晚上好！） 这是广州话晚上见面时互相问好的一种套语。

4 再见！——（再见！） 这是广州话分别时用的一种套语。

5 唔该！/多谢！——（谢谢！） 两者在日常的交谈中都可替用，但是从科学的角度来说，两者又有区别：表示精神上、行为上的帮助时多用“唔该”，表示物质上的帮助时多用“多谢”。“唔该”除了有汉语“谢谢”的意思之外，还相当于普通话“请、劳驾、麻烦”之意。

6 唔该晒！/多谢晒！——（非常感谢！） “晒”放在感谢用语的后面用来提高感谢的程度。例如：麻烦晒！（太麻烦了！），辛苦晒！（太辛苦了！）等等。

7 好嘅。——（好的。） “嘅”是一个助词，相当于普通话的“的”。“嘅”也可用于句末，表示语气，这时“嘅”的读音为“gé^{3-2}”。

8 冇关系。——（没关系。） “冇”是一个否定词，相当于普通话的“没”，其反义词是“有”。如果“有”和“冇”两字连在一起使用时是“有冇”，它相当于普通话“有没有”的意思。广州话习惯在动词前面加“有冇”来询问对方是否进行某种活动，这种疑问句的回答，广州话习惯说“有”或“冇”。例如：

——你有冇钱呀？（你有没有钱？）

——有。/冇。（有。/没有。）

9 请问——（**请问**）这是一个礼貌用语，通常用于打扰、麻烦或请人帮忙等场合。“请”在口语或单音节词中读“céng²”音，在书面语或双音节及多音节词中读“qing²”音。例如：

请柬 qing² gan²（请柬）——书面语。

小姐，请！xiu² zé²，céng²！（小姐，请！）——单音节。

10 乜嘢——（**什么，什么东西**）“乜嘢”也可说成“乜”。“乜”是一个疑问代词，相当于普通话中的“什么、怎么”。例如：我乜都好。（我什么都好。），乜系你呀？（怎么是你呢？）。“嘢”一般作代词，相当于普通话中的“东西、货物、事情、活儿、工作、话语、人物”等等。例如：买嘢（买东西）、做嘢（干活儿）、讲嘢（说话）、你呢个嘢（你这家伙）。“乜嘢”在口语连音中读成“mé¹”音。

11 呀——（**呀**）语气助词，表示一种疑问的语气。

12 我——（**我**）这是一个人称代词，表示第一人称单数。广州话各人称代词的单数和复数如下表所示：

人称	单数	复数
第一人称	我	我哋
第二人称	你	你哋
第三人称	佢	佢哋

“佢 kêu⁵”相当于普通话的“他、她、它”。

“哋 déi⁴”用于人称代词复数，相当于普通话的“们”。

13 想——（**想**）这是一个思维动词，也可说成“谂 nem²”。例如：你谂乜嘢呀？（你想什么？），而“谂住”则相当于普通话中的“想着、打算、考虑”。例如：

我哋谂住饮白酒。（我们打算喝白酒。）

14 阿生——（**先生**）广州话习惯在人名或亲属前加“阿”表示亲昵。“阿生”也可说“先生”，“阿生”是口语，而“先生”是书面语。两者在广州话中的用法如下：

(1) 如果知道对方的姓时，可用“姓+生”或“姓+先生”来表示。例如：陈生、陈先生（陈先生）。

(2) 如果不知道对方的姓时，可说“阿生”或“先生”。

15 系——（**是**）这是一个判断动词，其否定式为“唔系”，正反疑问式为“系唔系”。

16 啦——（**语气助词**）它相当于汉语祈使句或陈述句中的“吧”。

17 呢度——（**这儿，这里**）“呢”是一个指示代词，相当于普通话的“这”，表示近指。“度”表示处所，相当于普通话的“里”。“呢度”也可说成“呢处 xu³”。广州话中的指示代词还有“吓 go² (那)”和“边 bin¹（哪）”。“吓”表示远指，“边”表示疑问。例如：呢位（这位）、吓位（那位）、边位（哪位）、呢度（这里）、吓度（那里）、边度（哪里）、呢啲（这些）、吓啲（那些），边啲（哪些）。在通常情况下，“边度”也可说成“边”。

18 卟张餐台——（**订一张餐桌**）“卟”是普通话“订”的意思，它是英语“book 订”的音译。“卟张”相当于普通话中的“订一张”，在通常情况下，广州话动词后的“一”可以省略。例如：有个（有一个），系个（是一个）等等。

19 定系——（**还是**）在这里表示选择关系，“定系”还可以说成“重系”和“抑或 yig¹ wag⁶ 系”。如果普通话中的“还是”放置在形容词或动词前面作为副词时，在广州话中只能说成“重系”。例如：

(1) 呢啲餸重系好酸。（这些菜还是很酸。）

(2) 我哋重系食西餐啦。（我们还是吃西餐吧。）

20 等阵先——（**先等一会儿**）普通话习惯把“先”放在动词前，而广州话则习惯把“先”放在动词后面。例如：走先（先走）、食先（先吃）等等。“等阵”也可说成“等一阵”、“等阵间”或“等下”。

21 同你呎下——（替你查一下）“同”在这里是个介词，表示行为的对象，相当于普通话中的“代、替、给、为”。例如：

唔该同我订落嚟啦！（请给我订下来吧！）

“同”还是一个连词，相当于普通话中的“和、跟、随”。作为连词使用时，“同”也可说成“同埋 mai⁶”。例如：

我同你食饭啦！（我跟你吃饭吧！）

我哋饮咗啤酒同埋白酒。（我们喝了啤酒和白酒。）

“呎”相当于普通话中的“检查”，它是英语“check 检查”的音译。

22 点呀？——（怎么样？）“点”也可以说成“点样 yêng²”。

23 九点半倒——（九点半左右）“倒”放在数量词的后面表示概数，相当于普通话中的“左右、大约”。它可用来表示数量、时间或距离。例如：

（1）两千蚊倒（两千元左右）

（2）十公里倒（大约十公里）

24 靠住窗边——（靠着窗边）通常情况下，普通话中“动词+着”，广州话则用“动词+住”来表达。例如：跟 gen¹ 住（接着）、听 téng¹ 住（听着）等等。

25 唔好意思/对唔住——（对不起，抱歉）这是广州话中向别人道歉时常用的套语。

26 噉得未呀？——（这样行了没有？）“噉”在广州话中有以下几种用法：

（1）作指示代词，相当于普通话中的“这、这样、这么、那么、那、那样”。例如：

你噉做嘢点得呀？（你这样做事怎么行呢？）

（2）作为助词，相当于普通话的“地、的”。例如：

勤力 ken⁴lig⁶ 噉做嘢。（努力地干活儿。）

一个一个噉检查 gim²ca⁴。（一个一个的检查。）

(3) 作助词，通常放于句末，相当于普通话中的“……似的”，“像……一样”。例如：

佢唔系几开心噉。(他不大高兴似的。)

“得”相当于普通话中的“行、可以”。它的否定式为“唔得”，疑问式为“得唔得”。

在疑问句里，“未”放在动词后面，表示询问动作是否完成，相当于普通话中的“没有?”例如：

你食饭未呀?(你吃饭没有?)

在陈述句里，“未”放在动词或形容词前面，表示动作或状态没有完成，相当于普通话中的“还没有”。这时，“未”可以说成“重未”。例如：

(1) 佢未好番。(他还没有好。)

(2) 我哋未上班。(我们还没有上班。)

27 梗系可以啦!——(当然可以!)“梗系”相当于普通话中的“当然是、肯定是、一定是”，“梗系”也可以说成“实 seb^6 系”。

28 咁大——(这么大)“咁”在这里是一个指示代词，相当于普通话中的“这么、那么，这样、那样”。此外，“咁”还可作助词，放在副词后面，相当于普通话中的“地”。例如：

佢搏命 bog^3 $méng^4$ 咁做嘢。(他拼命地干活。)

29 第啲——(别的) 在广州话中与“第”相关的词还有“第度(别处)”、“第日(改天)”、“第时(改过时间)”等等。

30 喺几时——(在什么时候) “喺”是一个介词，表示人、事物或时间所处的位置及范围，相当于普通话中的“从、在”，“喺”也可以说成“响 $hêng^2$”。例如：

响广州(在广州)

31 㗎——(语气助词) 通常用于陈述句和疑问句中，相当于普通话中的“的”。例如：

(1) 系真㗎!(是真的!)

(2) 你点搞㗎?(你怎么搞的?)

32 点餸——(点菜)“餸”在这里是一个名词，指下酒、下饭用菜的总称。“餸”还可以作动词，相当于普通话中的“下，下饭”。例如：

一啖 dam[4] 排骨餸一啖酒。(一口排骨下一口酒。)

33 喇/㗎喇——(语气词)表示肯定的语气，相当于普通话中的“了”。其中，“㗎喇”强调肯定语气的提高。

34 万二蚊——(一万两千元)在广州话中以“一”开头的“万、千、百、十”等单位，如果后面只有一位数字的，则“一”可以省略掉。例如：千八蚊（一千八百元）、百三蚊（一百三十元）等等。

35 重要啲乜嘢——(还要些什么)“啲”是一个程度副词，相当于普通话的“点儿、些”，程度很轻。例如：

食多啲餸啦!(多吃点儿菜吧!)

“啲”若放置于句首，且在名词之前，则相当于普通话中的“这、这些”。例如：

(1) 啲餸好好味!(这菜味道挺好!)

(2) 啲人都几好。(这些人都很好。)

36 贵过些少——(比……贵一点儿)“过”作介词，用在形容词后面，表示比较。广州话进行比较时，一般用“形容词+过”的句式。例如：

包房贵过大厅好多。(包房比大厅贵很多。)

另外，“过”用在动词后面时，还相当于普通话中的“另外，重新，再”等意思。例如：

(1) 我哋开过间房啦。(我们另外开一间房吧。)

(2) 我谂住换过第啲餸。(我打算重新换别的菜。)

(3) 呢张单你计过一次啦。(这张单你再算一次吧。)

“些少”是一个程度副词，表示程度很轻。“些少”也可以说成“少少”。例如：

我饮少少就得了。（我喝一点点就行了。）

37 包埋酒水——（包括酒水）“埋”在这里作副词，用在动词后面，表示扩充范围或表示动作的靠拢性，相当于普通话中的“连”、“再”、“全”等意思。例如：

（1）间间包房都有埋卫生间。（每间包房都配有卫生间。）

（2）唔该捞埋啲嘢啦。（请把东西都全拿了吧。）

38 畀停车费——（付停车费）“畀”在这里作动词，相当于普通话中的“给，付”。“畀”还可以作介词，相当于普通话中的“被”、“让”、“用”等意思。例如：

（1）佢畀经理嗵nɑo⁶。（她被经理骂。）

（2）畀我检查下。（让我检查一下。）

（3）畀啲水洗下。（用点水洗洗。）

39 孖2孖3——（2233）在广州话中，通常用“孖”来表示成双成对的人或事物。例如：孖铺（两人睡在一起）、孖胎 toi¹（双胞胎）等等。

40 而家——（现在）“而家”也可说成“家阵”、“家下”。

41 揾我有事咩？——（找我有事吗？）“揾”在这里作动词，相当于普通话的“找”的意思，但是在某些特殊情况下，“揾”不能译成“找”。例如：揾食（谋生）、揾钱（挣钱）、揾两餐（混饭吃）、揾笨（占便宜）等等。

此外，“揾”还可作介词，相当于普通话中的“用”。例如：揾钢笔填呢张表。（用钢笔填这张表。）“咩”是一个语气词，在这里表示疑问的语气。“咩”也可用于反诘、反问的语气。例如：唔通你唔知咩？（难道你不知道吗？）此外，“咩”还可用来表示强烈否定的语气。例如：好鬼 guei² 好马 mɑ⁵ 咩！（好个屁！）

42 喺唔喺度——（在不在这里）“喺”相当于普通话中的

"在"，是一个介词，其否定式为"唔喺"，正反疑问式为"喺唔喺"。

"度"在这里表示处所，相当于普通话中的"这里、这儿"，而"喺……度"的结构则相当于普通话中的"在……里，在……上"。例如：

喺账单度签名！（在账单上签名！）

43 订满晒——（全订满了）"晒"作副词，用在动词或形容词后面，相当于普通话中的"全、都、完、光"等意思。例如：

讲晒喇（全说了）、订晒喇（都被订了）、睇晒喇（看完了）、食晒喇（吃光了）。

44 欢迎光临——（欢迎光临）这是服务员通常用来迎客时的习惯套语。

45 欢迎下次光临——（欢迎下次光临）这是服务员送客时习惯使用的套语。

46 小姐——（小姐）这是广州话用于对未婚或婚姻状况不明的成年女子的称呼。

47 女士——（女士）这是广州话用来对已婚女子尊贵的称呼。

48 唔使客气——（不用客气）"唔使"是用在表示感谢或感激时的客气答语。其肯定式通常用"要"来表达，正反疑问式为"使唔使"。例如：

——请问使唔使同你斟 zem1 酒呀？（请问用不用给你倒酒呢？）

——要嘅。（用。）

第二单元 迎客和带领顾客入席

经典高频句型

❶ qing2 men6 néi5 déi4 yeo5 mou5 yu4 déng6 a3?

请 问 你 哋 有 冇 预 订 呀?

(请问你们有预订吗?)

❷ qing2 men6 zung6 yeo5 mou5 wei2 a3?

请 问 重 有 冇 位 呀?

(请问还有座位吗?)

❸ néi5 déi4 co5 dai6 téng1 zung6 hei6 co5 bao1 fong2 a3?

你 哋 坐 大 厅 重 系 坐 包 房 呀?

(你们坐大厅还是坐包房?)

❹ céng2 ni1 bin1 hang4 la1!

请 呢 边 行 啦!

(请这边走吧!)

❺ qing2 men6 ni1 zêng1 toi2 deg1 m4 deg1 a3?

请 问 呢 张 台 得 唔 得 呀?

(请问这张桌行吗?)

❻ m4 goi1 néi5 déi4 gé3 léi5 gai2!

唔 该 你 哋 嘅 理 解!

(谢谢你们的理解!)

7

zung^{6}hei^{6}yiu^{3}do^{1}zé^{6}néi^{5}déi^{4}!

重 系 要 多谢 你 哋!

(还是要感谢你们!)

8

ni^{1}dou^{6}hei^{6}coi^{3}dan^{1}.

呢 度 系 菜 单 。

(这里是菜单。)

9

qing^{2}men^{6}yiu^{3}deng^{2}géi^{2}noi^{4}a^{3}?

请 问 要 等 几 耐 呀?

(请问要等多久?)

10

zeng^{1}hei^{6}m^{4}hou^{2}yi^{3}xi^{1}yiu^{3}néi^{5}deng^{2}gem^{3}noi^{4}!

真 系 唔 好 意 思 要 你 等 咁 耐!

(真的抱歉让你久等了!)

11

ngo^{5}jig^{1}hed^{1}ngon^{1}pai^{4}fug^{6}mou^{4}yun^{4}guo^{3}lei^{4}.

我 即 刻 安 排 服 务 员 过 嚟。

(我马上安排服务员过来。)

12

céng^{2}gen^{1}ngo^{5}lei^{4}la^{1}!

请 跟 我 嚟 啦!

(请跟我来吧!)

实战场景会话

会话1

fug6 mou4 yun4： zou2 sen4！fun1 ying6 guong1 lem4 ngo5 déi4 fan4 dim3！
服务员： 早晨！欢迎光临我哋饭店！
（早上好！欢迎光临我们饭店！）

gu3 hag3： m4 goi1 sai3！
顾客： 唔该晒！
（非常感谢！）

fug6 mou4 yun4： qing2 men6 néi5 déi4 géi2 wei2 a3？
服务员： 请问你哋几位呀？
（请问你们几位？）

gu3 hag3： ngo5 déi4 yed1 gung4 yeo5 bad3 wei2.
顾客： 我哋一共有八位。
（我们一共有八位。）

fug6 mou4 yun4： qing2 men6 néi5 déi4 yeo5 mou5 yu4 déng6 a3？
服务员： 请问你哋有冇预订呀？
（请问你们有预订吗？）

gu3 hag3： mou5，qing2 men6 zung6 yeo5 mou5 wei2 a3？
顾客： 冇，请问重有冇位呀？
（没有，请问还有座位吗？）

fug^{6}mou^{4}yun^4： néi^{5}déi^{4}co^{5}dai^{6}téng^{1}zung^{6}hei^{6}co^{5}bao^{1}fong^{2}a^3?
服 务 员： 你哋坐大厅 重 系坐包 房呀?

（你们坐大厅还是坐包房?）

gu^3 hag^3： ngo^{5}déi^{4}co^{5}dai^{6}téng^{1}la^1.
顾 客： 我 哋 坐 大 厅 啦。

（我们坐大厅吧。）

fug^{6}mou^{4}yun^4： hou^{2}gé^3, céng^{2}ni^{1}bin^{1}hang^{4}la^1! ni^{1}zêng^{1}toi^{2}deg^{1}m^4 deg^{1}a^3?
服 务 员： 好 嘅，请 呢边 行 啦!呢 张 台 得 唔 得 呀?

（好的，请这边走吧！这张桌行吗?）

gu^3 hag^3： ngo^{5}déi^{4}co^{5}kao^{3}cêng^{1}go^{2}zêng^{1}la^3.
顾 客： 我 哋 坐 靠 窗 吖 张 喇。

（我们坐靠窗那张吧！）

fug^{6}mou^{4}yun^4： m^{4}hou^{2}yi^{3}xi^1, kao^{3}cêng^{1}gé^{3}can^{1}toi^{2}yeo^{5}yen^{4}déng^6 zo^{2}la^3.
服 务 员： 唔好意思，靠 窗 嘅餐台有人 订 咗喇。

（对不起，靠窗的餐桌已有人订了。）

gu^3 hag^3： gem^{2}keo^{6}kéi^{4}la^1, zeo^{6}co^{5}ni^{1}zêng^{1}la^1.
顾 客： 噉 求 其啦，就 坐呢 张 啦。

（那随便吧，就坐这张吧。）

fug^{6}mou^{4}yun^4： m^{4}goi^{1}néi^{5}déi^{4}gé^{3}léi^{5}gai^2, céng^{2}co^{5}la^1!
服 务 员： 唔该你哋嘅理解，请 坐啦!

（谢谢你们的理解，请坐吧！）

gu3 hag3： zeng1 hei6 m4 goi1 sai3！
顾 客： 真系唔该晒！

（真的非常感谢！）

fug6 mou4 yun4： ni1 dou6 hei6 coi3 dan1，fug6 mou4 yun4 jig1 hed1 guo3 lei4.
服务员： 呢度系菜单，服务员即刻过嚟。

（这里是菜单，服务员马上过来。）

gu3 hag3： do1 zé6 sai3，xiu2 zé2！
顾 客： 多谢晒，小姐！

（太感谢了，小姐！）

fug6 mou4 yun4： zung6 hei6 yiu3 do1 zé6 néi5 déi4！
服务员： 重系要多谢你哋！

（还是要谢谢你们！）

会话2

fug6 mou4 yun4： man5 sêng6 hou2，xin1 sang1、nêu5 xi4！fun1 ying6 guong1 lem4！
服务员： 晚上好，先生、女士！欢迎光临！

（晚上好，先生、女士！欢迎光临！）

gu3 hag3： m4 goi1！
顾 客： 唔该！

（谢谢！）

fug6 mou4 yun4： qing2 men6 néi5 déi4 yeo5 mou5 déng6 wei2 a3？
服务员： 请问你哋有冇订位呀？

（请问你们有没有订位？）

gu^{3} hag^{3}： ngo^{5} déi^{4} déng^{6} zo^{2} gan^{1} bao^{1} fong^{2}.

顾　客：我 哋 订 咗 间 包 房。

（我们订了一间包房。）

fug^{6} mou^{4} yun^{4}： qing^{2} men^{6} hei^{6} yung^{4} bin^{1} go^{3} gé^{3} ming^{6} yi^{4} déng^{6} ga^{3}?

服务员：请 问 系 用 边 个 嘅 名 义 订 㗎？

（请问是用谁的名义订的？）

gu^{3} hag^{3}： hei^{6} yung^{4} song^{3} ping^{4} gé^{3} ming^{6} yi^{4} déng^{6} gé^{3}.

顾　客：系 用 宋 萍 嘅 名 义 订 嘅。

（是用宋萍的名义订的。）

fug^{6} mou^{4} yun^{4}： m^{4} goi^{1} deng^{2} zen$^{6-2}$, ngo^{5} ca^{4} ha^{5} yu^{4} déng^{6} dan^{1} ……

服务员：唔 该 等 阵，我 查 下 预 订 单……

hei^{6} m^{4} hei^{6} "mun^{5} yun^{4} cên^{1}" fong^{2} a^{3}?

系 唔 系 "满 园 春" 房 呀？

（请稍等，我查查预订单……是不是"满园春"房呢？）

gu^{3} hag^{3}： hei^{6} lag^{3}, mou^{5} co^{3}.

顾　客：系 嘞，冇 错。

（是了，没错。）

fug^{6} mou^{4} yun^{4}： ngo^{5} déi^{4} gung^{1} heo^{6} gen^{2} néi^{5} déi^{4} gé^{3} guong^{1} lem^{4}!

服务员：我 哋 恭 候 紧 你 哋 嘅 光 临！

céng^{2} gen^{1} ngo^{5} lei^{4} la^{1}!

请 跟 我 嚟 啦！

（我们在恭候你们的光临！请跟我来吧！）

gu^{3} hag^{3}： hou^{2} gé^{3}, m^{4} goi^{1} sai^{3}!

顾　客：好 嘅，唔 该 晒！

（好的，非常感谢！）

fug6 mou4 yun4： ni1 gan1 zeo6 hei6 "mun5 yun4 cên1" fong2, dim2 a3?
服 务 员： 呢间就系"满园春"房，点呀？
（这间就是"满园春"房，怎么样？）

gu3 hag3： m4 co3, ngo5 déi4 hou2 zung1 yi3.
顾 客： 唔错，我哋好中意。
（不错，我们很满意。）

fug6 mou4 yun4： néi5 déi4 céng2 co5 la1, ngo5 jig1 hed1 ngon1 pai4 fug6 mou4 yun4 guo3 lei4.
服 务 员： 你哋请坐啦，我即刻安排服务员过嚟。
（你们请坐吧，我马上安排服务员过来。）

会话3

fug6 mou4 yun4： ha6 ng5 hou2! fun1 ying6 guong1 lem4 fug1 hoi2 zeo2 leo4!
服 务 员： 下午好！欢迎光临福海酒楼！
（下午好！欢迎光临福海酒楼！）

gu3 hag3： qing2 men6 ni1 dou6 zung6 yeo5 mou5 can1 wei2 a3?
顾 客： 请问呢度重有冇餐位呀？
（请问这里还有餐位吗？）

fug6 mou4 yun4： qing2 men6 xin1 sang1 yeo5 mou5 yu4 déng6 a3?
服 务 员： 请问先生有冇预订呀？
（请问先生有没有预订？）

gu3 hag3： mou5 yu4 déng6.
顾 客： 冇预订。
（没有预订。）

fug^{6}mou^{4}yun^4： dêu^{3}m^{4}ju^4, yi^{6}ga^{1}mou^{5}wei^{2}la^3, néi^{5}déi^{4}ho^{2}m^{4}ho^2
服务员： 对唔住，而家冇位喇，你哋可唔可
yi^{5}deng^{2}zen$^{6-2}$a^3?
以等阵呀？

（对不起，现在没位了，你们可以等一会儿吗？）

gu^{3}hag^3： yiu^{3}deng^{2}géi^{2}noi^{4}a^3?
顾客： 要等几耐呀？

（要等多久？）

fug^{6}mou^{4}yun^4： qing^{2}men^{6}néi^{5}déi^{4}ho^{2}m^{4}ho^{2}yi^{5}deng^{2}seb^{6}ng^{5}fen^1
服务员： 请问你哋可唔可以等十五分
zung^{1}a^3?
钟呀？

（请问你们可以等十五分钟吗？）

gu^{3}hag^3： ho^{2}yi^5, mou^{5}men^{6}tei^6.
顾客： 可以，冇问题。

（可以，没问题。）

fug^{6}mou^{4}yun^4： qing^{2}men^{6}néi^{5}déi^{4}hei^{6}m^{4}hei^{6}sam^{1}wei^{2}a^3?
服务员： 请问你哋系唔系三位呀？

（请问你们是三位吗？）

gu^{3}hag^3： m^{4}hei^6, ngo^{5}déi^{4}yeo^{5}bad^{3}wei^2.
顾客： 唔系，我哋有八位。

（不是，我们有八位。）

fug^{6}mou^{4}yun^4： qing^{2}men^{6}xin^{1}sang^{1}guei^{3}xing^{3}a^3?
服务员： 请问先生贵姓呀？

（请问先生贵姓？）

gu^{3} hag^{3}：ngo^{5} xing^{3} cen^{4}.
顾 客：我 姓 陈。

（我姓陈。）

fug^{6} mou^{4} yun^{4}：m^{4} goi^{1} lo^{2} ju^{4} ni^{1} go^{3} hou^{4} ma^{5}，yed^{1} yeo^{5} wei^{2} ngo^{5} zeo^{6} tung^{1} ji^{1} néi^{5}.
服 务 员：唔该捞住呢个号码，一有位我就通知你。

（请拿着这个号码，一有位我就通知你。）

gu^{3} hag^{3}：zeng^{1} hei^{6} m^{4} goi^{1} sai^{3}！
顾 客：真 系唔该晒！

（真的非常感谢！）

fug^{6} mou^{4} yun^{4}：m^{4} sei^{2} hag^{3} héi^{3}！néi^{5} déi^{4} hêu^{3} yeo^{1} xig^{1} téng^{1} deng^{2} ha^{5} la^{1}.
服 务 员：唔使客气！你哋去休息厅 等下啦。

（不必客气！你们到休息厅去等一会儿吧。）

gu^{3} hag^{3}：hou^{2} gé^{3}.
顾 客：好 嘅。

（好的。）

〈15 分钟之后〉

fug^{6} mou^{4} yun^{4}：cen^{4} sang^{1}，néi^{5} gé^{3} can^{1} toi^{2} zên^{2} béi^{4} hou^{2} la^{3}，gen^{1} ngo^{5} lei^{4} la^{1}.
服 务 员：陈 生，你 嘅 餐 台 准 备 好 喇，跟我 嚟啦。

（陈先生，你的餐桌准备好了，随我来吧。）

gu^{3} hag^{3}：m^{4} goi^{1} sai^{3}！
顾 客：唔 该 晒！

（非常感谢！）

fug^{6}mou^{4}yun^{4}： zeng^{1}hei^{6}m^{4}hou^{2}yi^{3}xi^{1}yiu^{3}néi^{5}déi^{4}deng^{2}gem^{3}noi^{4}！
服务员： 真系唔好意思要你哋等咁耐！
（真的很抱歉让你们久等了！）

gu^{3} hag^{3}： mou^{5}guan^{1}hei^{6}！
顾客： 冇关系！
（没关系！）

fug^{6}mou^{4}yun^{4}： cen^{4}sang^{1}，qing^{2}men^{6}ni^{1}zêng^{1}toi^{2}dim^{2}yêng^{2}a^{3}？
服务员： 陈生，请问呢张台点样呀？
（陈先生，请问这张桌怎么样？）

gu^{3} hag^{3}： géi^{2}hou^{2}，m^{4}goi^{1}！
顾客： 几好，唔该！
（挺好，谢谢！）

fug^{6}mou^{4}yun^{4}： néi^{5}déi^{4}céng^{2}co^{5}，fug^{6}mou^{4}yun^{4}hou^{2}fai^{3}zeo^{6}lei^{4}.
服务员： 你哋请坐，服务员好快就嚟。
（你们请坐，服务员很快就来。）

知识链接

迎客的服务礼仪

首先，要热情、主动地问候客人。当有消费意向的客人走近餐馆大门口时，迎宾员应有礼貌地向客人打招呼及微笑着问候客人：“欢迎光临我们餐馆！”如果是餐馆的常客，最好能叫出其名，这样顾客就会感到自己倍受尊重，有一种“宾至如归”的感觉。

其次，要询问客人有关信息。了解客人是否有预订，以谁的名义预订。如果客人没有预订，应询问客人的基本情况及需要。如果餐位已满，应劝说客人稍等片刻，而不能以餐位已满为由请客人离开，使客人对餐馆产生不良印象。

最后，引领客人入座。引领客人入席时，迎宾员应走在客人右前方两三步之前带路，并配合客人的步行速度，途中以手势礼貌地做方向指引：“请这边走！”遇有拐弯、地面不平或打滑处要提醒客人注意。带领客人至座位时，要礼貌地征求客人意见并为客人拉椅让座，然后礼貌地为客人递上菜单，请客人稍候。

语法详解

1 请呢边行啦！——（请这边走吧！）“行”是一个动词，相当于普通话中的“走”。在广州话中，“行”表示一般性的行走，而“走 zeo^{2}”则表示离开的意思。例如：

（1）你唔好行咁快。（你别走那么快。）

（2）佢走咗喇。（他已经走开了。）

2 订咗间包房——（订了一间包房）“咗”是一个助词，它放在动词后面表示这个动作已经完成，相当于普通话中的“已……，已经……”。例如：我哋食咗饭喇。（我们已吃过饭了。）

3 噉求其啦！——（那随便吧！）“求其”也可说成“随便 cêu^{6}bin$^{6-2}$”或“是但 xi^{6}dan^{6}”。

4 菜单——（菜单）“菜单”也可说成“菜牌 pai^{2}”或“咩鸟 mé^{1}niu$^{5-2}$”。其中“咩鸟”是英语单词“menu 菜单”的音译。

5 系嘞——（是了）“嘞”是一个语气词，一般在陈述句中使用，表示很有把握或表示完成，相当于普通话中的“了”。例如：你实系饮大咗嘞。（你肯定是喝醉了。）

6 恭候紧你哋——（正在恭候你们）“紧”是一个助词，放在动词后面表示前面的动作正在进行，相当于普通话中的“在……，正在……”。表示动作正在进行的助词结构还有：

（1）在动词前面加上“喺度”。

（2）把动词放在“喺度……紧”的结构中。

这些助词与前面所提及的助词“咗”在动词的时态上刚好相反。例如：

我喺度食饭。（我正在吃饭。）

我喺度食紧饭。（我正在吃饭。）

7 好中意——（很满意）“好”是一个程度副词，相当于普通话中的“很、挺、十分”，“好”也可说成“几”。例如：几中意（很喜欢）。“中意”除了有普通话“满意”的意思，还相当于普通话中的“喜欢、喜爱、合意”。

8 几耐——（多久）“耐”是普通话“久、时间长”的意思。例如：好耐（很久）。

9 几好——（挺好）在广州话里，“几”有以下几种用法：

（1）表示惊异、赞叹，相当于普通话的“多、多么、很、挺、十分”。例如：

啲餸几靓嚡 bo^3！（这菜多美啊！）

（2）表示疑问、询问的句子中，相当于普通话中的“多，多少”。例如：

你要几樽酒呀？（你要多少瓶酒呢？）

（3）表示肯定，相当于普通话中的“相当、还算”。例如：

呢味餸几好食。（这道菜相当好吃。）

（4）用在否定词的后面，相当于普通话中的“不太、不很、不怎么”。例如：

唔系几贵。（不算很贵。）

唔系几好味。（味道不怎么好。）

第三单元 接受顾客点菜

经典高频句型

1 qing^{2} men^{6} néi^{5} déi^{4} sêng^{2} yem^{2} di^{1} med^{1} yé^{5} ca^{4} a^{3} ?

请 问 你 哋 想 饮 啲 乜 嘢茶呀?

(请问你们想喝点儿什么茶?)

2 qing^{2} men^{6} néi^{5} déi^{4} yi^{6} ga^{1} dim^{2} sung^{3} méi^{4} a^{3} ?

请 问 你 哋 而 家 点 餸 未 呀?

(请问你们现在点菜没有?)

3 qing^{2} men^{6} yeo^{5} di^{1} med^{1} yé^{5} jiu^{1} pai^{4} coi^{3} a^{3} ?

请 问 有 啲 乜 嘢 招 牌 菜 呀?

(请问有些什么招牌菜?)

4 gem^{1} yed^{6} ngo^{5} déi^{4} yeo^{5} dad^{6} ga^{3} .

今 日 我 哋 有 特 价。

(今天我们有特价。)

5 qing^{2} men^{6} néi^{5} déi^{4} yiu^{3} yem^{2} di^{1} med^{1} yé^{5} zeo^{2} a^{3} ?

请 问 你 哋 要 饮 啲 乜 嘢 酒 呀?

(请问你们要喝点儿什么酒?)

6 qing^{2} men^{6} zung^{6} yiu^{3} dim^{2} di^{1} med^{1} yé^{5} sung^{3} a^{3} ?

请 问 重 要 点 啲 乜 嘢 餸 呀?

(请问还要点些什么菜呢?)

7 ngo^{5} yed^{1} zen^{2} tung^{4} néi^{5} déi^{4} héi^{2} coi^{3} la^{1}！
我 一 阵 同 你 哋 起 菜 啦！
（我一会儿给你们上菜吧！）

8 qing^{2} men^{6} yeo^{5} di^{1} med^{1} yé^{5} lug^{6} ca^{4} a^{3}？
请 问 有 啲 乜 嘢 绿 茶呀？
（请问有些什么绿茶？）

9 qing^{2} men^{6} gem^{1} yed^{6} gé^{3} dad^{6} xig^{1} coi^{3} hei^{6} med^{1} yé^{5} a^{3}？
请 问 今 日 嘅 特 色 菜 系 乜 嘢呀？
（请问今天的特色菜是什么？）

10 qing^{2} men^{6} yiu^{3} zun^{1} zong^{1} ding^{6} hei^{6} gun^{3} zong^{1} ga^{3}？
请 问 要 樽 装 定 系 罐 装 㗎？
（请问要瓶装还是罐装的？）

11 néi^{5} xig^{6} zung^{1} can^{1} zung^{6} hei^{6} xig^{6} sei^{1} can^{1} a^{3}？
你 食 中 餐 重 系 食 西 餐 呀？
（你吃中餐还是吃西餐？）

12 qing^{2} men^{6} néi^{5} gé^{3} ngeo^{4} pai^{2} yiu^{3} géi^{2} xing^{6} sug^{6} a^{3}？
请 问 你 嘅 牛 排 要 几 成 熟 呀？
（请问你的牛排要几分熟？）

13 néi^{5} gé^{3} ngeo^{4} pai^{2} yiu^{3} pui^{3} med^{1} yé^{5} so^{1} coi^{3} a^{3}？
你 嘅 牛 排 要 配 乜 嘢蔬 菜 呀？
（你的牛排要配什么蔬菜呢？）

14 qing^{2} men^{6} néi^{5} yiu^{3} bin^{1} zung^{2} xig^{1} lai^{1} zo^{3} liu^{2} a^{3}？
请 问 你 要 边 种 色 拉 佐 料 呀？
（请问你要哪一种色拉佐料？）

15 fun^{1} ying^{6} néi^{5} déi^{4} zoi^{3} qi^{3} guong^{1} lem^{4}！

欢 迎 你 哋 再 次 光 临！

（欢迎你们再次光临！）

16 zug^{1} néi^{5} xig^{6} deg^{1} hoi^{1} sem^{1}！

祝 你 食 得 开 心！

（祝你吃得愉快！）

17 qing^{2} men^{6} zung^{1} yi^{3} xig^{6} med^{1} yé^{5} a^{3}？

请 问 中 意 食 乜 嘢呀？

（请问喜欢吃什么？）

18 qing^{2} men^{6} ga^{3} fé^{1} yi^{6} ga^{1} yem^{2} zung^{6} hei^{6} deng^{2} zen^{2} zoi^{3} yem^{2} a^{3}？

请 问 咖啡而家 饮 重 系 等 阵 再 饮 呀？

（请问咖啡现在喝还是等一会儿再喝？）

19 m^{4} goi^{1} néi^{5} déi^{4} deng^{2} zen$^{6-2}$，ngo^{5} jig^{1} hed^{1} hêu^{3} zên^{2} béi^{4}.

唔该你 哋 等 阵，我 即 刻 去 准 备。

（请你们稍等，我马上去准备。）

实战场景会话

1 接受中餐点菜

会话1

fug^{6} mou^{4} yun^{4}：xin^{1} sang^{1}，zou^{2} sen^{4}！qing^{2} men^{6} hei^{6} m^{4} hei^{6} sam^{1} wei^{2} a^{3}？

服 务 员：先 生，早 晨！请 问 系唔系 三 位呀？

（先生，早上好，请问是三位吗？）

gu3 hag3： zung6 yeo5 lêng5 wei2, yed1 gung4 hei6 ng5 wei2.
顾　客： 重 有 两 位，一 共 系 五 位。
（还有两位，一共是五位。）

fug6 mou4 yun4： qing2 men6 néi5 déi4 sêng2 yem2 med1 yé5 ca4 a3?
服务员： 请 问 你 哋 想 饮 乜 嘢茶呀？
（请问你们想喝什么茶？）

gu3 hag3： yiu3 gug1 fa1 ca4 la1!
顾　客： 要 菊 花茶 啦！
（要菊花茶吧！）

fug6 mou4 yun4： ni1 go3 hei6 coi3 pai2, qing2 men6 néi5 déi4 yi6 ga1 dim2 sung3 méi4 a3?
服务员： 呢 个 系 菜 牌，请 问 你 哋 而 家 点 餸 未 呀？
（这是菜单，请问你们现在点菜没有？）

gu3 hag3： dim2 sung3 la1. qing2 men6 yeo5 di1 med1 yé5 jiu1 pai4 coi3 a3?
顾　客： 点 餸 啦。请 问 有 啲 乜 嘢 招 牌 菜 呀？
（点菜吧。请问有些什么招牌菜？）

fug6 mou4 yun4： yeo5 qing1 jing1 lou4 yu2 tung4 cêu3 péi4 xiu1 ngo2.
服务员： 有 清 蒸 鲈 鱼 同 脆 皮 烧 鹅。
（有清蒸鲈鱼和脆皮烤鹅。）

gu3 hag3： ngo5 déi4 yiu3 fen6 qing1 jing1 lou4 yu2 tung4 yed1 fen6 hung4 xiu1 yu5 gab3 la1.
顾　客： 我 哋 要 份 清 蒸 鲈 鱼 同 一 份 红 烧 乳 鸽 啦。
（我们要一份清蒸鲈鱼和一份红烧乳鸽吧。）

fug6mou4yun4： dêu3 m4 ju4, yu5 gab3 hei6 ngon3 zég3 mai4 gé3.
服 务 员： 对唔住，乳 鸽 系 按 只 卖 嘅。

（对不起，乳鸽是按只卖的。）

gu3 hag3： qing2 men6 géi2 do1 qin2 yed1 zég3 a3?
顾 客： 请 问 几 多 钱 一 只 呀？

（请问多少钱一只呢？）

fug6mou4yun4： gem1 yed6 ngo5 déi4 yeo5 dad6 ga3, seb6 bad3 men1 yed1 zég3.
服 务 员： 今 日 我 哋 有 特 价，十 八 蚊 一 只。

（今天我们有特价，十八块一只。）

gu3 hag3： gem2 ngo5 déi4 yiu3 ng5 zég3 la1.
顾 客： 噉 我 哋 要 五 只 啦。

（那我们要五只吧。）

fug6mou4yun4： néi5 déi4 yiu3 yem2 di1 med1 yé5 tong1 a3?
服 务 员： 你 哋 要 饮 啲 乜 嘢 汤 呀？

（你们要喝点儿什么汤？）

gu3 hag3： néi5 ho2 m4 ho2 yi5 têu1 jin3 ha5 a3?
顾 客： 你 可 唔 可 以 推 荐 下 呀？

（你可以推荐一下吗？）

fug6mou4yun4： ngeo4 méi5 tong1 yig1 wag6 ngab3 xi1 dung1 gu1 tong1 dou1 m4 co3 ga3.
服 务 员： 牛 尾 汤 抑 或 鸭 丝 冬 菇 汤 都 唔 错 㗎。

（牛尾汤或者鸭丝冬菇汤都不错的。）

gu3 hag3： zeo6 yiu3 ngab3 xi1 dung1 gu1 tong1 la1.
顾　客： 就要鸭丝冬菇汤啦。
（就要鸭丝冬菇汤吧。）

fug6 mou4 yun4： qing2 men6 zung6 yiu3 dim2 di1 med1 yé5 sung3 a3?
服务员： 请问重要点啲乜嘢餸呀？
（请问还要点些什么菜呢？）

gu3 hag3： zung6 yiu3 go3 xun3 yung4 coi3 sem1 la1.
顾　客： 重要个蒜茸菜心啦。
（还要一个蒜茸菜心吧。）

fug6 mou4 yun4： hou2 gé3, qing2 men6 néi5 déi4 yiu3 yem2 di1 med1 yé5 zeo2 a3?
服务员： 好嘅，请问你哋要饮啲乜嘢酒呀？
（好的，请问你们要喝点儿什么酒？）

gu3 hag3： m4 goi1 tung4 ngo5 déi4 lo2 zun1 ng5 lêng4 yig6 la1.
顾　客： 唔该同我哋掹樽五粮液啦。
（请给我们拿一瓶五粮液吧。）

fug6 mou4 yun4： m4 hou2 yi3 xi1, mou5 ng5 lêng4 yig6, mao6 toi4 dim2 a3?
服务员： 唔好意思，冇五粮液，茅台点呀？
（对不起，没有五粮液，茅台怎么样？）

gu3 hag3： mao6 toi4 hei6 géi2 do1 dou6 ga3?
顾　客： 茅台系几多度㗎？
（茅台是多少度的？）

fug6 mou4 yun4： yeo5 sam1 seb6 bad3 dou6 tung4 ng5 seb6 sam1 dou6 gé3.
服务员： 有三十八度同五十三度嘅。
（有三十八度和五十三度的。）

gu3 hag3： zeo6 lo2 zun1 ng5 seb6 sam1 dou6 gé3 la1.
顾 客： 就攞樽五十三度嘅啦。
（就拿一瓶五十三度的吧。）

fug6 mou4 yun4： hou2 gé3, ngo5 yed1 zen2 tung4 néi5 déi4 héi2 coi3 la1!
服务员： 好嘅，我一阵同你哋起菜啦！
（好的，我一会儿给你们上菜吧！）

会话2

fug6 mou4 yun4： man5 sêng6 hou2! fun1 ying6 guong1 lem4 ngo5 déi4 zeo2 ga1!
服务员： 晚上好！欢迎光临我哋酒家！
（晚上好！欢迎光临我们酒家！）

gu3 hag3： m4 goi1 sai3!
顾 客： 唔该晒！
（非常感谢！）

fug6 mou4 yun4： néi5 déi4 dim2 coi3 qin4 yiu3 m4 yiu3 di1 xiu2 xig6 a3?
服务员： 你哋点菜前要唔要啲小食呀？
（你们点菜前要来点儿小吃吗？）

gu3 hag3： m4 goi1 lo2 di1 fa1 sang1 mei5 tung4 di1 pao3 coi3 lei4 xig6 ha5 la1!
顾 客： 唔该攞啲花生米同啲泡菜嚟食下啦！
（请拿点花生米和一点泡菜来吃吃吧！）

fug6 mou4 yun4： qing2 men6 néi5 déi4 yem2 hung4 ca4 ding6 hei6 yem2 lug6 ca4 a3?
服务员： 请问你哋饮红茶定系饮绿茶呀？
（请问你们喝红茶还是喝绿茶？）

gu3 hag3: qing2 men6 yeo5 di1 med1 yé5 lug6 ca4 a3?
顾　客：请问有啲乜嘢绿茶呀？

（请问有些什么绿茶？）

fug6 mou4 yun4: yeo5 lung4 zéng2、tid3 gun1 yem1、wu1 lung4-2 tung4 big1 lo4 cên1.
服务员：有龙井、铁观音、乌龙同碧螺春。

（有龙井、铁观音、乌龙和碧螺春。）

gu3 hag3: big1 lo4 cên1 hou2 m4 hou2 yem2 a3?
顾　客：碧螺春好唔好饮呀？

（碧螺春好喝吗？）

fug6 mou4 yun4: géi2 hou2 yem2, dou1 hou2 seo6 fun1 ying6 gé3!
服务员：几好饮，都好受欢迎嘅！

（挺好喝，都很受欢迎的！）

gu3 hag3: "big1 lo4 cên1" hei6 m4 hei6 go3 yen4 méng2 a3?
顾　客："碧螺春"系唔系个人名呀？

（"碧螺春"是不是一个人的名字呢？）

fug6 mou4 yun4: m4 hei6. "big1 lo4" hei6 tai3 wu4 bin1 gé3 yed1 zo6 sang1 méng2, "cên1" hei6 wa6 ni1 zung2 ca4 hei6 hei2 cên1 tin1 zed6 gé3.
服务员：唔系。"碧螺"系太湖边嘅一座山名，"春"系话呢种茶系喺春天摘嘅。

（不是。"碧螺"是太湖边的一座山名，"春"是说这种茶是在春天摘取的。）

gu3 hag3：zeng1 hei6 hou2 yeo5 yi3 xi1，ngo5 déi4 zeo6 yem2 big1 lo4 cên1 la1.
顾　客：真系好有意思，我哋就饮碧螺春啦。

（真的挺有意思，我们就喝碧螺春吧。）

fug6 mou4 yun4：qing2 men6 néi5 déi4 hei6 m4 hei6 yi6 ga1 dim2 sung3 a3？
服务员：请问你哋系唔系而家点餸呀？

（请问你们是不是现在点菜呢？）

gu3 hag3：m4 goi1 lo2 coi3 dan1 lei4 tei2 ha5 la1！
顾　客：唔该攞菜单嚟睇下啦！

（请拿菜单来看看吧！）

fug6 mou4 yun4：hou2 gé3，hei2 ni1 dou6.
服务员：好嘅，喺呢度。

（好的，在这儿。）

gu3 hag3：qing2 men6 gem1 yed6 gé3 dad6 xig1 coi3 hei6 med1 yé5 a3？
顾　客：请问今日嘅特色菜系乜嘢呀？

（请问今天的特色菜是什么？）

fug6 mou4 yun4：hei6 tong4 cou3 pai4 gued1 tung4 jiu1 yim4 sa1 ha1.
服务员：系糖醋排骨同椒盐沙虾。

（是糖醋排骨和椒盐沙虾。）

gu3 hag3：gem2 zeo6 dim2 go3 jiu1 yim4 sa1 ha1 tung4 yed1 fen6 lou5 sêu2 ngab3 la1.
顾　客：噉就点个椒盐沙虾同一份卤水鸭啦。

（那就点一个椒盐沙虾和一份卤水鸭吧。）

fug⁶mou⁴yun⁴： yiu³m⁴yiu³tong¹tung⁴mai⁴qing¹coi³a³？
服 务 员： 要唔要汤同埋青菜呀？
（要汤和青菜吗？）

gu³ hag³： m⁴yiu³tong¹la³，cao²go³jiu¹xi¹fu⁴yu⁵tung¹coi³la¹.
顾 客： 唔要汤喇，炒个椒丝腐乳通菜啦。
（不要汤了，炒一个椒丝腐乳空心菜吧。）

fug⁶mou⁴yun⁴： qing²men⁶néi⁵déi⁴yem²hung⁴zeo²ding⁶hei⁶yem²bé¹zeo²a³？
服 务 员： 请问你哋饮红酒定系饮啤酒呀？
（请问你们喝红酒还是喝啤酒？）

gu³ hag³： yem²bé¹zeo²la¹，qing²men⁶yeo⁵mou⁵ju¹gong¹cên⁴sang¹a³？
顾 客： 饮啤酒啦，请问有冇珠江纯生呀？
（喝啤酒吧，请问有珠江纯生吗？）

fug⁶mou⁴yun⁴： yeo⁵gé³，qing²men⁶yiu³zun¹zong¹ding⁶hei⁶yiu³gun³zong¹ga³？
服 务 员： 有嘅，请问要樽装定系要罐装㗎？
（有的，请问要瓶装还是要罐装的？）

gu³ hag³： yiu³sam¹zun¹zun¹zong¹gé³la¹.
顾 客： 要三樽樽装嘅啦。
（要三支瓶装的吧。）

fug⁶mou⁴yun⁴： yiu³m⁴yiu³dung³ga³？
服 务 员： 要唔要冻㗎？
（要冰的吗？）

gu^{3} hag^{3}: lêng^{5}zun^{1}dung^{3}gé^{3}, yed^{1}zun^{1}m^{4}dung^{3}gé^{3}.
顾 客: 两樽冻嘅，一樽唔冻嘅。

（两瓶冰的，一瓶不冰的。）

fug^{6}mou^{4}yun^{4}: qing^{2}men^{6}zung^{6}yiu^{3}di^{1}med^{1}yé^{5}a^{3}?
服务员: 请问重要啲乜嘢呀？

（请问还需要些什么吗？）

gu^{3} hag^{3}: m^{4}sei^{2}la^{3}, m^{4}goi^{1}sai^{3}!
顾 客: 唔使喇，唔该晒！

（不用了，非常感谢！）

fug^{6}mou^{4}yun^{4}: m^{4}goi^{1}néi^{5}déi^{4}deng^{2}zen$^{6-2}$, ngo^{5}hou^{2}fai^{3}zeo^{6}lei^{4}.
服务员: 唔该你哋等阵，我好快就嚟。

（请你们稍等，我很快就来。）

知识链接

为顾客点菜的服务要领

待客人坐稳后，服务员应将菜单从客人的左边递过去。如果客人是夫妇，应先递给女士；如果是团体，应递给主人右手边的第一位客人。如果客人要求介绍菜式，服务员应主动、热情、耐心地向客人推荐特别的出品，并介绍该菜式的特色及加工方法，为客人提供关于菜式搭配的建议。讲话时，服务员身体要前倾，声音大小要适中。接着，服务员应礼貌地询问客人是否现在点菜。如果客人决定点菜，服务员应站在客人左侧0.5米处，手持记录本记录客人的点菜内容。点菜完毕后，服务员要为客人复述点菜内容，确认后从客人手中收回菜单并致谢。

2 接受西餐点菜

会话1

fug6 mou4 yun4：xiu2 zé2, ha6 ng5 hou2! néi5 xig6 zung1 can1 zung6 hei6 xig6 sei1 can1 a3?
服务员：小姐，下午好！你食中餐重系食西餐呀？

（小姐，下午好！你吃中餐还是吃西餐？）

gu3 hag3：ngo5 sêng2 xig6 sei1 can1.
顾客：我想食西餐。

（我想吃西餐。）

fug6 mou4 yun4：qing2 men6 néi5 sêng2 m4 sêng2 yem2 di1 yé5 xin1 a3?
服务员：请问你想唔想饮啲嘢先呀？

（请问你想不想先喝点儿饮料呢？）

gu3 hag3：qing2 men6 néi5 déi4 yeo5 di1 med1 yé5 yem2 liu4 a3?
顾客：请问你哋有啲乜嘢饮料呀？

（请问你们有些什么饮料？）

fug6 mou4 yun4：ngo5 déi4 yeo5 gog3 zung2 gog3 yêng4 gé3 zeo2 tung4 yun5 yem2 liu4.
服务员：我哋有各种各样嘅酒同软饮料。

（我们有各种各样的酒和软饮料。）

gu3 hag3：m4 goi1 tung4 ngo5 lo2 gun3 ho2 heo2 ho2 log6 la1!
顾客：唔该同我拶罐可口可乐啦！

（请给我拿一罐可口可乐吧！）

fug6 mou4 yun4：hou2 gé3. qing2 men6 néi5 sêng2 dim2 di1 med1 yé5 sung3 a3?
服务员：好嘅。请问你想点啲乜嘢餸呀？

（好的。请问你想点些什么菜？）

gu3 hag3：yiu3 yed1 fen6 wen6 heb6 xig1 lai1 tung4 yed1 fen6 ngeo4 pai2 la1.
顾客：要一份混合色拉同一份牛排啦。

（要一份混合色拉和一份牛排吧。）

fug6 mou4 yun4：qing2 men6 néi5 yiu3 bin1 zung2 xig1 lai1 zo3 liu2 a3?
服务员：请问你要边种色拉佐料呀？

（请问你要哪一种色拉佐料呢？）

gu3 hag3：yiu3 yeo6 cou3 zo3 liu2 la1!
顾客：要油醋佐料啦！

（要油醋佐料吧！）

fug6 mou4 yun4：néi5 gé3 ngeo4 pai2 yiu3 pui3 med1 yé5 so1 coi3 a3?
服务员：你嘅牛排要配乜嘢蔬菜呀？

（你的牛排要配什么蔬菜？）

gu3 hag3：yiu3 qing1 wun2 deo6 tung4 za3 xu4 tiu2 la1!
顾客：要青豌豆同炸薯条啦！

（要青豌豆和炸土豆丝吧！）

fug6 mou4 yun4：qing2 men6 néi5 gé3 ngeo4 pai2 yiu3 géi2 xing4 sug6 a3?
服务员：请问你嘅牛排要几成熟呀？

（请问你的牛排要几分熟？）

gu3 hag3: yiu3 bun3 xing4 sug6 zeo6 deg1 la3.
顾　客：要半成熟就得喇。
（要五分熟就行了。）

fug6 mou4 yun4: ngo5 déi4 gem1 yed6 yeo5 dad6 ga3 coi3, sêng2 m4 sêng2 xi3 ha5 a3?
服务员：我哋今日有特价菜，想唔想试下呀？
（我们今天有特价菜，想尝尝吗？）

gu3 hag3: qing2 men6 hei6 med1 yé5 dad6 ga3 coi3 a3?
顾　客：请问系乜嘢特价菜呀？
（请问是什么特价菜呢？）

fug6 mou4 yun4: hei6 ham4 dai6 ma5 ha1 yu2 tung4 mai4 cung4 ji2 qun4 yu2.
服务员：系咸大马哈鱼同埋松子全鱼。
（是咸大马哈鱼和松子全鱼。）

gu3 hag3: zeo6 yiu3 fen6 cung4 ji2 qun4 yu2 la1!
顾　客：就要份松子全鱼啦！
（就要一份松子全鱼吧！）

fug6 mou4 yun4: qing2 men6 néi5 xig6 fan4 go2 zen2 yem2 m4 yem2 di1 zeo2 a3?
服务员：请问你食饭嗰阵饮唔饮啲酒呀？
（请问你用餐时喝点酒吗？）

gu3 hag3: yem2 di1 pou4 tou4 zeo2 la1, néi5 ho2 m4 ho2 yi5 têu1 jin3 ha5 a3?
顾　客：饮啲葡萄酒啦，你可唔可以推荐下呀？
（喝点葡萄酒吧，你可以推荐一下吗？）

fug^{6}mou^{4}yun^{4}： wong^{4}qiu^{4}gon^{1}bag^{6}pou^{4}tou^{4}zeo^{2}la^{1}，dim^{2}a^{3}？
服 务 员： 王 朝 干 白 葡 萄 酒 啦，点 呀？

（王朝干白葡萄酒吧，怎么样？）

gu^{3} hag^{3}： ni^{1}zung^{2}zeo^{2}méi^{4}dou^{4}dim^{2}yêng^{2}a^{3}？
顾 客： 呢 种 酒 味 道 点 样 呀？

（这种酒味道如何？）

fug^{6}mou^{4}yun^{4}： xun^{1}xun^{1}déi$^{4-2}$，géi^{2}hou^{2}méi^{4}，zung^{6}tung^{4}néi^{5}gé^{3}
服 务 员： 酸 酸 地，几 好 味，重 同 你 嘅
sung^{3}hou^{2}pui^{3}tim^{1}！
餸 好 配 添！

（微酸，味道挺好，还与你的菜很搭配呢！）

gu^{3} hag^{3}： gem^{2}zeo^{6}tung^{4}ngo^{5}lo^{2}bui^{1}la^{1}！
顾 客： 噉 就 同 我 攞 杯 啦！

（那就给我拿一杯吧！）

fug^{6}mou^{4}yun^{4}： dêu^{3}m^{4}ju^{4}，pou^{4}tou^{4}zeo^{2}hei^{6}ngon^{3}zun^{1}mai^{4}gé^{3}.
服 务 员： 对 唔 住，葡 萄 酒 系 按 樽 卖 嘅。

（对不起，葡萄酒是按瓶卖的。）

gu^{3} hag^{3}： m^{4}goi^{1}tung^{4}ngo^{5}lo^{2}zun^{1}lei^{4}la^{1}！
顾 客： 唔 该 同 我 攞 樽 嚟 啦！

（请给我拿一瓶来吧！）

fug^{6}mou^{4}yun^{4}： hou^{2}gé^{3}，zug^{1}néi^{5}xig^{6}deg^{1}hoi^{1}sem^{1}！
服 务 员： 好 嘅，祝 你 食 得 开 心！

（好的，祝你用餐愉快！）

会话2

fug^{6} mou^{4} yun^{4}：fun^{1} ying^{6} néi^{5} déi^{4} zoi^{3} qi^{3} guong^{1} lem^{4} ngo^{5} déi^{4} sei^{1} can^{1} téng^{1}！
服 务 员：欢 迎 你 哋 再 次 光 临 我 哋 西 餐 厅！

（欢迎你们再次光临我们西餐厅！）

gu^{3} hag^{3}：m^{4} goi^{1} sai^{3}！
顾 客：唔 该 晒！

（非常感谢！）

fug^{6} mou^{4} yun^{4}：qing^{2} men^{6} néi^{5} déi^{4} xig^{6} fan^{4} qin^{4} yiu^{3} m^{4} yiu^{3} yem^{2} zeo^{2} a^{3}？
服 务 员：请 问 你 哋 食 饭 前 要 唔 要 饮 酒 呀？

（请问你们吃饭前要喝酒吗？）

gu^{3} hag^{3}：ngo^{5} déi^{4} yem^{2} di^{1} hoi^{1} wei^{4} zeo^{2} la^{1}.
顾 客：我 哋 饮 啲 开 胃 酒 啦。

（我们喝点开胃酒吧。）

fug^{6} mou^{4} yun^{4}：qing^{2} men^{6} néi^{5} déi^{4} yem^{2} tam^{5} di^{1} ding^{6} hei^{6} nung^{4} di^{1} ga^{3}？
服 务 员：请 问 你 哋 饮 淡 啲 定 系 浓 啲 㗎？

（请问你们喝清淡点儿还是浓点儿的？）

gu^{3} hag^{3}：yem^{2} tam^{5} di^{1} gé^{3} la^{1}.
顾 客：饮 淡 啲 嘅 啦。

（喝清淡点儿的吧。）

fug6 mou4 yun4：yem2 zed6 sei1 · léi4 léi4 yig1 wag6 xing3 mou5 ma5 lei4 nga3 la1，dim2 a3？
服 务 员：饮泽西·莉莉抑或圣母玛丽亚啦，点呀？
（喝泽西·莉莉或者圣母玛丽亚吧，怎样？）

gu3 hag3：m4 goi1 tung4 ngo5 déi4 lo2 sam1 bui1 xing3 mou5 ma5 lei4 nga3 la1！
顾 客：唔该同我哋攞三杯圣母玛丽亚啦！
（请给我们拿三杯圣母玛丽亚吧。）

fug6 mou4 yun4：ngo5 yi6 ga1 tung4 néi5 déi4 dim2 coi3 la1，hou2 m4 hou2 a3？
服 务 员：我而家同你哋点菜啦，好唔好呀？
（我现在为你们点菜吧，好吗？）

gu3 hag3：hou2 gé3.
顾 客：好嘅。
（好的。）

fug6 mou4 yun4：qing2 men6 néi5 déi4 zung1 yi3 xig6 med1 yé5 a3？
服 务 员：请问你哋中意食乜嘢呀？
（请问你们喜欢吃什么？）

gu3 hag3：lou5 kuei1 géi2 la1！
顾 客：老规矩啦！
（老规矩吧！）

fug6 mou4 yun4：yed1 go3 lo4 sung3 tong1、yed1 go3 ju2 deg1 bun3 sug6 gé3 sa1 long5 ngeo4 pai2 tung4 yed1 fen6 pa6 lung4 ha1，hei6 m4 hei6 a3？
服 务 员：一个罗宋汤、一个煮得半熟嘅沙朗牛排同一份扒龙虾，系唔系呀？
（一个罗宋汤、一个煮得五分熟的沙朗牛排和一份扒龙虾，是吗？）

gu3 hag3: mou5 co3. qing2 men6 gem1 yed6 yeo5 mou5 féi1 yu2 a3?
顾 客：冇错。请问今日有冇鲱鱼呀？

（没错。请问今天有没有鲱鱼？）

fug6 mou4 yun4: yeo5 gé3. néi5 sêng2 di1 féi1 yu2 dim2 jing2 fad3 a3?
服务员：有嘅。你想啲鲱鱼点整法呀？

（有的。你想这鲱鱼怎么个做法呢？）

gu3 hag3: yiu3 yed1 fen6 jin1 gug6 féi1 yu2 la1!
顾 客：要一份煎焗鲱鱼啦！

（要一份煎焖鲱鱼吧！）

fug6 mou4 yun4: hou2 gé3, qing2 men6 zung6 sêng2 dim2 di1 med1 yé5 a3?
服务员：好嘅，请问重想点啲乜嘢呀？

（好的，请问还想点些什么？）

gu3 hag3: zung6 yiu3 sam1 bui1 ga3 fé1 la1!
顾 客：重要三杯咖啡啦！

（还要三杯咖啡吧！）

fug6 mou4 yun4: qing2 men6 ga3 fé1 hei6 yi6 ga1 yem2 zung6 hei6 deng2 zen2 zoi3 yem2 a3?
服务员：请问咖啡系而家饮重系等阵再饮呀？

（请问咖啡是现在喝还是等一会儿再喝呢？）

gu3 hag3: ngo5 déi4 xig6 yun4 fan4 zoi3 yem2.
顾 客：我哋食完饭再饮。

（我们吃完饭再喝。）

fug⁶mou⁴yun⁴：hou² gé³，m⁴ goi¹ néi⁵ déi⁴ deng² zen²，ngo⁵ jig¹ hed¹ hêu³ zên² béi⁴.

服务员：好嘅，唔该你哋等阵，我即刻去准备。

（好的，请你们稍等，我马上去准备。）

知识链接

食物的颜色与营养

科学研究发现，不同颜色的食物所含的营养成分及对人体的健康有所不同。白色食物主要是指大米、面粉等食物，它们含有丰富的碳水化合物、少量维生素和微量元素，是人体的热量来源。黑色食物如黑米、黑木耳等，含有多种氨基酸、丰富的维生素和微量元素，可增加人体的血红蛋白，调节各项生理功能。黄色食物是指大豆、花生等坚果类食物，富含植物蛋白、植物油脂和微量元素，具有增强人体抵抗力的作用。红色食物主要是指蔬菜和水果，含丰富的维生素和纤维素，具有防癌、增强人体免疫功能和生理活动功能。绿色食物是指绿叶蔬菜、水果等，含丰富的叶酸和钙元素，具有排毒和保护心脏的功能。紫色食物如洋葱等富含花青素，具有强力抗血管硬化、阻止心脏病和脑中风发生的功能。

③ 接受特殊点菜

会话1

fug^{6}mou^{4}yun^{4}： xin^{1} sang^{1}，man^{5} sêng^{6} hou^{2}！fun^{1} ying^{6} guong^{1} lem^{4}！
服 务 员： 先 生，晚 上 好！欢 迎 光 临！
（先生，晚上好！欢迎光临！）

gu^{3} hag^{3}： m^{4} goi^{1} sai^{3}！
顾 客： 唔 该 晒！
（非常感谢！）

fug^{6}mou^{4}yun^{4}： zeo^{6} co^{5} ni^{1} zêng^{1} toi^{2} la^{1}，deg^{1} m^{4} deg^{1} a^{3}？
服 务 员： 就 坐 呢 张 台 啦，得 唔 得 呀？
（就坐这张桌吧，行吗？）

gu^{3} hag^{3}： deg^{1}，mou^{5} men^{6} tei^{6}！
顾 客： 得，冇 问 题！
（行，没问题！）

fug^{6}mou^{4}yun^{4}： néi^{5} yi^{6} ga^{1} ho^{2} yi^{5} dim^{2} coi^{3} méi^{4} a^{3}？
服 务 员： 你 而 家 可 以 点 菜 未 呀？
（你现在可以点菜没有？）

gu^{3} hag^{3}： ho^{2} yi^{5}，ngo^{5} ni^{1} pai^{2} nga^{4} m^{4} hou^{2}，yeo^{5} med^{1} yé^{5} ngam^{1} ngo^{5} xig^{6} ga^{3}？
顾 客： 可 以，我 呢 排 牙 唔 好，有 乜 嘢 啱 我 食 㗎？
（可以，我最近牙齿不好，有什么适合我吃的？）

fug^{6}mou^{4}yun^{4}： yeo^{6} zem^{3} cêng^{1} yu^{2} tung^{4} yed^{6} bun^{2} deo^{6} fu^{4} ying^{1} goi^{1} ngam^{1} néi^{5} xig^{6}.
服 务 员： 油 浸 鲳 鱼 同 日 本 豆 腐 应 该 啱 你 食。
（油浸鲳鱼和日本豆腐应该适合你吃。）

gu³ hag³: yeo⁶ zem³ cêng¹ yu² méi⁴ dou⁶ dim² yêng² a³?
顾 客: 油浸鲳鱼味道点样呀?
(油浸鲳鱼味道怎么样呢?)

fug⁶ mou⁴ yun⁴: méi⁴ dou⁶ m⁴ co³ ga³, ni¹ go³ hei⁶ qu⁴ xi¹ têu¹ gai³ coi³.
服务员: 味道唔错㗎,呢个系厨师推介菜。
(味道不错的,这是厨师推介菜。)

gu³ hag³: gem² zeo⁶ yiu³ fen⁶ yeo⁶ zem³ cêng¹ yu² tung⁴ yed¹ fen⁶ yed⁶ bun² deo⁶ fu⁴ la¹.
顾 客: 噉就要份油浸鲳鱼同一份日本豆腐啦。
(那就要一份油浸鲳鱼和一份日本豆腐吧。)

fug⁶ mou⁴ yun⁴: yiu³ m⁴ yiu³ yem² tong¹ a³?
服务员: 要唔要饮汤呀?
(要喝汤吗?)

gu³ hag³: m⁴ sei² la³.
顾 客: 唔使喇。
(不用了。)

fug⁶ mou⁴ yun⁴: gem² yiu³ m⁴ yiu³ yem² di¹ guo² zeb¹ a³?
服务员: 噉要唔要饮啲果汁呀?
(那要喝点儿果汁吗?)

gu³ hag³: yiu³ bui¹ ping⁴ guo² zeb¹ la¹.
顾 客: 要杯苹果汁啦。
(要一杯苹果汁吧。)

fug⁶ mou⁴ yun⁴: hou² gé³, m⁴ goi¹ deng² zen⁶⁻² la¹!
服务员: 好嘅,唔该等阵啦!
(好的,请稍等吧!)

会话2

fug^{6}mou^{4}yun^{4}： xiu^{2}zé^{2}，zou^{2}sen^{4}！ni^{1}zêng^{1}toi^{2}dim^{2}a^{3}？
服务员： 小姐，早晨！呢张台点呀？
（小姐，早上好！这张桌怎样？）

gu^{3}hag^{3}： géi^{2}hou^{2}，m^{4}goi^{1}！
顾客： 几好，唔该！
（挺好，谢谢！）

fug^{6}mou^{4}yun^{4}： ni^{1}dou^{6}hei^{6}coi^{3}dan^{1}，qing^{2}men^{6}zên^{2}béi^{4}dim^{2}coi^{3}méi^{4}a^{3}？
服务员： 呢度系菜单，请问准备点菜未呀？
（这里是菜单，请问准备点菜了吗？）

gu^{3}hag^{3}： ngo^{5}ni^{1}pai^{2}gam^{2}féi^{4}，qing^{2}men^{6}yeo^{5}mou^{5}sou^{3}coi^{3}xig^{6}a^{3}？
顾客： 我呢排减肥，请问有冇素菜食呀？
（我近来减肥，请问有没有素菜吃呢？）

fug^{6}mou^{4}yun^{4}： yeo^{5}gé^{3}，ngo^{5}déi^{4}can^{1}téng^{1}gé^{3}sou^{3}coi^{3}hou^{2}seo^{6}fun^{1}ying^{6}！
服务员： 有嘅，我哋餐厅嘅素菜好受欢迎！
（有的，我们餐厅的素菜很受欢迎！）

gu^{3}hag^{3}： néi^{5}tung^{4}ngo^{5}gai^{3}xiu^{4}ha^{5}la^{1}！
顾客： 你同我介绍下啦！
（你为我介绍一下吧！）

fug^{6}mou^{4}yun^{4}： hung^{4}lo^{6}bag^{6}yug^{6}mei^{5}cao^{2}bag^{3}heb^{6}，dim^{2}a^{3}？
服务员： 红萝卜玉米炒百合，点呀？
（红萝卜玉米炒百合，怎么样？）

gu3 hag3： ni1 méi2 sung3 géi2 hou2, yiu3 yed1 fen6 la1!
顾　客：呢味餸几好，要一份啦！
（这道菜挺好，要一份吧！）

fug6 mou4 yun4： qing2 men6 xiu2 zé2 zung1 m4 zung1 yi3 xig6 min4 a3?
服务员：请问小姐中唔中意食面呀？
（请问小姐喜欢吃面条吗？）

gu3 hag3： dou1 géi2 zung1 yi3 ga3.
顾　客：都几中意㗎。
（都很喜欢的。）

fug6 mou4 yun4： gem2 zeo6 yiu3 go3 bao1 zeb1 yi1 min4 la1, hou2 m4 hou2 a3?
服务员：噉就要个鲍汁伊面啦，好唔好呀？
（那就要一个鲍汁伊面吧，好吗？）

gu3 hag3： hou2 gé3, bed1 guo3 m4 hou2 log6 tong4 tung4 gei1 jing1 fen2.
顾　客：好嘅，不过唔好落糖同鸡精粉。
（好的，不过不要放糖和鸡精粉。）

fug6 mou4 yun4： hou2 gé3, ngo5 wui5 ju3 yi3 gé3. zung6 yiu3 di1 med1 yé5 a3?
服务员：好嘅，我会注意嘅。重要啲乜嘢呀？
（好的，我会注意的。还要些什么吗？）

gu3 hag3： zoi3 yiu3 go3 yim4 sêu2 coi3 sem1 la1!
顾　客：再要个盐水菜心啦！
（再要一个盐水菜心吧！）

fug6 mou4 yun4： qing2 men6 néi5 sêng2 yem2 di1 med1 yé5 a3?
服务员：请问你想饮啲乜嘢呀？
（请问你想喝点儿什么吗？）

gu3 hag3： m4 goi1 lo2 zun1 mou5 tan3 xun1 gé3 kong3 qun4 sêu2 la1！

顾　客：唔该攞樽冇碳酸嘅矿泉水啦！

（请拿一支没碳酸的矿泉水吧！）

fug6 mou4 yun4： m4 hou2 yi3 xi1，ngo5 déi4 mou5 ni1 zung2 kong3 qun4 sêu2.

服务员：唔好意思，我哋冇呢种矿泉水。

（对不起，我们没有这种矿泉水。）

gu3 hag3： gem2 yiu3 bui1 cên6 zéng4 sêu2 la1！

顾　客：噉要杯纯净水啦！

（那要一杯纯净水吧！）

fug6 mou4 yun4： hou2 gé3，m4 goi1 deng2 zen6-2 la1！

服务员：好嘅，唔该等阵啦！

（好的，请稍等吧！）

会话3

fug6 mou4 yun4： fun1 ying6 guong1 lem4！qing2 men6 néi5 déi4 yiu3 xig6 di1 med1 yé5 a3？

服务员：欢迎光临！请问你哋要食啲乜嘢呀？

（欢迎光临！请问你们要吃点儿什么？）

gu3 hag3： yiu3 lêng5 fen6 jin1 béng2 tung4 yed1 fen6 ma5 tei6 gou1 la1.

顾　客：要两份煎饼同一份马蹄糕啦。

（要两份煎饼和一份荸荠糕吧。）

fug6 mou4 yun4： qing2 men6 jin1 béng2 yiu3 ham4 gé3 ding6 hei6 yiu3 tim4 ga3？

服务员：请问煎饼要咸嘅定系要甜㗎？

（请问煎饼要咸的还是要甜的？）

gu^{3} hag^{3}：yiu^{3} ham^{4} gé^{3}.
顾　客：要咸嘅。
（要咸的。）

fug^{6} mou^{4} yun^{4}：qing^{2} men^{6} néi^{5} déi^{4} yiu^{3} yem^{2} di^{1} med^{1} yé^{5} a^{3}?
服务员：请问你哋要饮啲乜嘢呀？
（请问你们要喝点儿什么？）

gu^{3} hag^{3}：yiu^{3} sam^{1} bui^{1} yid^{6} deo^{6} zêng^{1} la^{1}!
顾　客：要三杯热豆浆啦！
（要三杯热豆浆吧！）

fug^{6} mou^{4} yun^{4}：m^{4} hou^{2} yi^{3} xi^{1}, deo^{6} zêng^{1} mou^{5} sai^{3} la^{3}, nai^{5} ca^{4} dim^{2} a^{3}?
服务员：唔好意思，豆浆冇晒喇，奶茶点呀？
（对不起，豆浆全没了，奶茶怎样？）

gu^{3} hag^{3}：gem^{2} zeo^{6} yiu^{3} sam^{1} bui^{1} nai^{5} ca^{4} la^{1}.
顾　客：噉就要三杯奶茶啦。
（那就要三杯奶茶吧。）

fug^{6} mou^{4} yun^{4}：hou^{2} gé^{3}, qing^{2} men^{6} zung^{6} yiu^{3} di^{1} med^{1} yé^{5} a^{3}?
服务员：好嘅，请问重要啲乜嘢呀？
（好的，请问还要些什么？）

gu^{3} hag^{3}：qing^{2} men^{6} néi^{5} déi^{4} ni^{1} dou^{6} yeo^{5} mou^{5} xiu^{1} hao^{1} a^{3}?
顾　客：请问你哋呢度有冇烧烤呀？
（请问你们这里有没有烧烤？）

fug^{6}mou^{4}yun^{4}：mou^{5}, dan^{6} hei^{6} ngo^{5} déi^{4} ho^{2} yi^{5} lin^{4} hei^{6} kéi^{4} ta^{1} can^{1} gun^{2} sung^{3} lei^{4}.

服务员：冇，但系我哋可以联系其他餐馆送嚟。

（没有，但是我们可以联系其他餐馆送来。）

gu^{3} hag^{3}：hou^{2} gé^{3}, m^{4} goi^{1} sai^{3}!

顾客：好嘅，唔该晒！

（好的，非常感谢！）

fug^{6}mou^{4}yun^{4}：qing^{2} men^{6} néi^{5} déi^{4} yiu^{3} xig^{6} di^{1} med^{1} yé^{5} xiu^{1} hao^{1} a^{3}?

服务员：请问你哋要食啲乜嘢烧烤呀？

（请问你们要吃点儿什么烧烤？）

gu^{3} hag^{3}：yiu^{3} lêng^{5} da^{1} yêng^{4} yug^{6} qun^{3} tung^{4} lêng^{5} tiu^{4} xiu^{1} ké^{2} gua^{1}.

顾客：要两打羊肉串同两条烧茄瓜。

（要两打羊肉串和两条烤茄瓜。）

fug^{6}mou^{4}yun^{4}：qing^{2} men^{6} di^{1} xiu^{1} hao^{1} sei^{2} m^{4} sei^{2} ga^{1} lad^{6} a^{3}?

服务员：请问啲烧烤使唔使加辣呀？

（请问这些烧烤用不用加辣？）

gu^{3} hag^{3}：m^{4} sei^{2} ga^{1} lad^{6}.

顾客：唔使加辣。

（不用加辣。）

fug^{6}mou^{4}yun^{4}：m^{4} goi^{1} néi^{5} déi^{4} deng^{2} zen$^{6-2}$, ngo^{5} jig^{1} hed^{1} hêu^{3} ngon^{1} pai^{4}.

服务员：唔该你哋等阵，我即刻去安排。

（请你们稍等，我立即去安排。）

4 接受日本料理点菜

会话

fug^{6}mou^{4}yun^{4}： man^{5} sêng^{6} hou^{2}！fun^{1} ying^{6} guong^{1} lem^{4} yed^{6} bun^{2} liu^{4} lěi^{5} can^{1} téng^{1}！
服务员：晚上好！欢迎光临日本料理餐厅！

（晚上好！欢迎光临日本料理餐厅！）

gu^{3} hag^{3}： man^{5} sêng^{6} hou^{2}！
顾客：晚上好！

（晚上好！）

fug^{6}mou^{4}yun^{4}： qing^{2} men^{6} néi^{5} déi^{4} co^{5} can^{1} toi^{2} zung^{6} hei^{6} co^{5} guei^{6} toi^{2} a^{3}？
服务员：请问你哋坐餐台重系坐柜台呀？

（请问你们坐餐桌还是坐柜台？）

gu^{3} hag^{3}： ngo^{5} déi^{4} sêng^{2} co^{5} guei^{6} toi^{2}，zeo^{6} hei^{6} m^{4} ji^{1} guan^{3} m^{4} guan^{3}.
顾客：我哋想坐柜台，就系唔知惯唔惯。

（我们想坐柜台，就是不知道习不习惯。）

fug^{6}mou^{4}yun^{4}： dim^{2} xu^{1} fug^{6} zeo^{6} dim^{2} co^{5}，ngo^{5} sêng^{2} wui^{5} zab^{6} guan^{3} gé^{3}.
服务员：点舒服就点坐，我想会习惯嘅。

（怎样舒服就怎样坐，我想会习惯的。）

gu3 hag3： gem2 ngo5 déi4 zeo6 co5 guei6 toi2 la1！
顾 客： 噉 我 哋 就 坐 柜 台 啦！

（那我们就坐柜台吧！）

fug6 mou4 yun4： qing2 men6 néi5 déi4 yem2 med1 yé5 ca4 a3？
服 务 员： 请 问 你 哋 饮 乜 嘢 茶 呀？

（请问你们喝什么茶？）

gu3 hag3： qing2 men6 yeo5 di1 med1 yé5 ca4 a3？m4 goi1 néi5 gai3 xiu4 ha5 la1！
顾 客： 请 问 有 啲 乜 嘢 茶 呀？唔 该 你 介 绍 下 啦！

（请问有些什么茶？麻烦你介绍一下吧！）

fug6 mou4 yun4： ngo5 déi4 yeo5 dai6 meg6 ca4、bui6 ca4、mud3 ca4 tung4 yun4 mei5 ca4.
服 务 员： 我 哋 有 大 麦 茶、焙 茶、抹 茶 同 玄 米 茶。

（我们有大麦茶、焙茶、抹茶和玄米茶。）

gu3 hag3： ngo5 déi4 yem2 dai6 meg6 ca4 la1.
顾 客： 我 哋 饮 大 麦 茶 啦。

（我们喝大麦茶吧。）

fug6 mou4 yun4： ni1 dou6 hei6 coi3 dan1，qing2 men6 hei6 m4 hei6 yi6 ga1 dim2 sung3 a3？
服 务 员： 呢 度 系 菜 单，请 问 系 唔 系 而 家 点 餸 呀？

（这里是菜单，请问是现在点菜吗？）

gu3 hag3： ngo5 déi4 dêu3 yed6 bun2 coi3 m4 liu5 gai2，néi5 tung4 ngo5 déi4 ngon1 pai4 la1！

顾　客： 我哋对日本菜唔了解，你同我哋安排啦！

（我们对日本菜不了解，你为我们安排吧！）

fug6 mou4 yun4： hou2 gé3，ngo5 jig1 hed1 zeo6 tung4 néi5 déi4 zên2 béi4.

服务员： 好嘅，我即刻就同你哋准备。

（好的，我马上就为你们准备。）

gu3 hag3： zeng1 hei6 m4 goi1 sai3！

顾　客： 真系唔该晒！

（真的非常感谢！）

〈过了十多分钟之后〉

fug6 mou4 yun4： ni1 dou6 hei6 néi5 déi4 gé3 sung3，héi1 mong6 néi5 déi4 zung1 yi3！

服务员： 呢度系你哋嘅馊，希望你哋中意！

（这儿是你们的菜，希望你们喜欢！）

gu3 hag3： wa4，zeng1 hei6 hou2 léng3 bo3！di1 sung3 giu3 med1 méng2 a3？

顾　客： 哗，真系好靓嚿！啲馊叫乜名呀？

（哗，真的很漂亮啊！这些菜叫什么名称？）

fug6 mou4 yun4： ni1 méi4-2 hei6 xiu1 gei1 yug6 qun3，ni1 méi4-2 hei6 yed6 xig1 za3 yun5 hog3 hai5……

服务员： 呢味系烧鸡肉串，呢味系日式炸软壳蟹……

（这道是烤鸡肉串，这道是日式炸软壳蟹……）

gu3 hag3： zeng1 hei6 m4 goi1 sai3！
顾 客： 真系唔该晒！

（真是非常感谢！）

fug6 mou4 yun4： qing2 men6 néi5 déi4 yiu3 m4 yiu3 yem2 zeo2 a3？
服务员： 请问你哋要唔要饮酒呀？

（请问你们要喝酒吗？）

gu3 hag3： ngo5 déi4 yem2 di1 tim4 mei5 zeo2 la1！
顾 客： 我哋饮啲甜米酒啦！

（我们喝点儿甜米酒吧！）

fug6 mou4 yun4： hou2 gé3，ngo5 jig1 hed1 zeo6 lo2 lei4，m4 goi1 deng2 zen6-2！
服务员： 好嘅，我即刻就攞嚟，唔该等阵！

（好的，我马上就拿来，请稍等！）

5 接受韩国料理点菜

会话

fug6 mou4 yun4： man5 sêng6 hou2！fun1 ying6 guong1 lem4 hon4 guog3 liu4 léi5 can1 gun2！
服务员： 晚上好！欢迎光临韩国料理餐馆！

（晚上好！欢迎光临韩国料理餐馆！）

gu3 hag3： m4 goi1 sai3！
顾 客： 唔该晒！

（非常感谢！）

fug^{6}mou^{4}yun^{4}： qing^{2}men^{6}néi^{5}yiu^{3}yem^{2}di^{1}med^{1}yé^{5}ca^{4}a^{3}？
服务员： 请问你要饮啲乜嘢茶呀？

（请问你要喝点儿什么茶？）

gu^{3}hag^{3}： m^{4}goi^{1}tung^{4}ngo^{5}lo^{2}bui^{1}yen^{4}sem^{1}ca^{4}la^{1}！
顾客： 唔该同我拶杯人参茶啦！

（请给我拿一杯人参茶吧！）

fug^{6}mou^{4}yun^{4}： hou^{2}gé^{3}. qing^{2}men^{6}néi^{5}yiu^{3}dim^{2}med^{1}yé^{5}coi^{3}a^{3}？
服务员： 好嘅。请问你要点乜嘢菜呀？

（好的。请问你要点什么菜？）

gu^{3}hag^{3}： néi^{5}déi^{4}can^{1}gun^{2}yeo^{5}mou^{5}hon^{4}guog^{3}xiu^{1}yug^{6}a^{3}？
顾客： 你哋餐馆有冇韩国烧肉呀？

（你们餐馆有韩国烧肉吗？）

fug^{6}mou^{4}yun^{4}： yeo^{5}gé^{3}，néi^{5}hei^{6}m^{4}hei^{6}yiu^{3}hei^{2}can^{1}toi^{2}sêng^{6}bin^{6} xiu^{1}ga^{3}？
服务员： 有嘅，你系唔系要喺餐台上便烧㗎？

（有的，你是不是要在餐桌上面烤的呢？）

gu^{3}hag^{3}： hei^{6}，mou^{5}co^{3}.
顾客： 系，冇错。

（是，没错。）

fug^{6}mou^{4}yun^{4}： qing^{2}men^{6}néi^{5}yiu^{3}géi^{2}do^{1}xiu^{1}yug^{6}a^{3}？
服务员： 请问你要几多烧肉呀？

（请问你要多少烧肉？）

gu^{3} hag^{3}： m^{4} goi^{1} lo^{2} lêng^{5} fen^{6} lei^{4} la^{1}！

顾　　客： 唔该攞两份嚟啦！

（请拿两份过来吧！）

fug^{6} mou^{4} yun^{4}： hou^{2} gé^{3} . qing^{2} men^{6} zung^{6} yiu^{3} dim^{2} di^{1} med^{1} yé^{5} a^{3}？

服务员： 好嘅。请问重要点啲乜嘢呀？

（好的。请问还要点些什么？）

gu^{3} hag^{3}： néi^{5} ho^{2} m^{4} ho^{2} yi^{5} tung^{4} ngo^{5} têu^{1} jin^{3} ha^{5} a^{3}？

顾　　客： 你可唔可以同我推荐下呀？

（你可否为我推荐一下？）

fug^{6} mou^{4} yun^{4}： yiu^{3} do^{1} lêng^{5} fen^{6} yim^{1} ngeo^{4} xiu^{2} pai^{2} la^{1} , dim^{2} a^{3}？

服务员： 要多两份腌牛小排啦，点呀？

（多要两份腌牛小排吧，怎么样？）

gu^{3} hag^{3}： dim^{2} gai^{2} yiu^{3} lêng^{5} fen^{6} a^{3}？

顾　　客： 点解要两份呀？

（为什么要两份呢？）

fug^{6} mou^{4} yun^{4}： yiu^{3} lêng^{5} fen^{6} gé^{3} wa$^{6-2}$ zeo^{6} wui^{5} sung^{3} lêng^{5} fen^{6} ha^{1} seo^{2} gün^{2}.

服务员： 要两份嘅话就会送两份虾手卷。

（要两份的话就会赠送两份虾手卷。）

gu^{3} hag^{3}： gem^{2} zeo^{6} yiu^{3} lêng^{5} fen^{6} yim^{1} ngeo^{4} xiu^{2} pai^{2} la^{1}.

顾　　客： 噉就要两份腌牛小排啦。

（那就要两份腌牛小排吧。）

fug^{6}mou^{4}yun^{4}： qing^{2}men^{6}néi^{5}yiu^{3}m^{4}yiu^{3}yem^{2}zeo^{2}a^{3}?
服 务 员： 请 问 你 要 唔 要 饮 酒 呀?

（请问你要喝酒吗?）

gu^{3} hag^{3}： tung^{4}ngo^{5}lo^{2}wu^{4}nün^{5}gé^{3}yed^{6}bun^{2}qing^{1}zeo^{2}la^{1}!
顾 客： 同 我 攞 壶 暖 嘅 日 本 清 酒 啦!

（给我拿一壶暖的日本清酒吧!）

fug^{6}mou^{4}yun^{4}： hou^{2}gé^{3}, deng^{2}zen$^{6-2}$ngo^{5}sung^{3}tiu^{4}liu$^{4-2}$tung^{4}xiu^{2} xig^{6}guo^{3}lei^{4}.
服 务 员： 好 嘅，等 阵 我 送 调 料 同 小 食 过 嚟。

（好的，等一会儿我送调料和小吃过来。）

知识链接

中西饮食的艺术

中国饮食艺术以“色、香、味”俱全为烹调原则，追求的是美味享受和饮食养生的观念，不讲求营养搭配，只讲究养生。中国人一直以来都是注重饮食审美的艺术享受，以浪漫主义的态度，追求饮食的精神享受。而西方国家饮食的艺术是以主食为主，把谷类食品的地位置于首位，保证谷类食物与其他食物营养互补，保证饭与菜的合理比例，他们只讲究饮食中有什么营养，能产生多少能量，不追求菜的味道如何。这些都反映出一个国家的科学文明程度和人民生活水平的质量。

语法详解

1 十八蚊一只——（十八块一只）“只”是一个量词，用以指动物时，在广州话中无论种类和大小都可以用“只”来表示，而普通话则要区别使用。例如：一只牛（一头牛）、一只狗（一条狗）、一只猪（一口猪）等等。

2 捊樽五粮液——（拿一瓶五粮液）“捊”在这里作动词，相当于普通话中的“拿”、“取”。“捊”还可以作介词，相当于普通话中的“用”、“以”。例如：

（1）捊啲水嚟洗下。（用点水来洗洗。）

（2）捊你做样。（以你作为榜样。）

“樽”在这里作为量词，相当于普通话中的“支”、“瓶”。此外，“樽”也可作名词，作名词使用时，相当于普通话中的“瓶子”。例如：玻璃樽（玻璃瓶子）、塑胶樽（塑胶瓶子）等等。

3 食下——（吃一下，吃吃）“下”是一个助词，用在动词后面，表示前面的动作较为短暂或程度很微，含有普通话“一会儿、一下子”的意思。通常情况下，普通话用“动词＋动词”的结构，广州话则用“动词＋下”的结构来表达。例如：睇下（看看，瞧瞧）、试下（尝尝）等等。

在广州话中，助词“下”还有以下两种用法：

（1）用在重叠动词的后面，表示动作进行时发生某种变化或情况。例如：

佢睇睇下就笑 xiu^3 喇。（他看着看着就笑了。）

（2）“动词＋下”再重叠，表示动作持续地进行。例如：

我哋倾下倾下都唔记得食饭喇。（我们聊着聊着都忘了吃饭了。）

4 中餐——（中餐）“中餐”也可说成是“唐 tong[4] 餐”。

5 食饭吖阵——（吃饭的时候）普通话用“……的时候”，而广州话则用“……吖阵”来表示。

6 酸酸地——（微酸，带有一点点酸味）“地”在这里作助词，用在重叠形容词后面，表示程度较为轻微。例如：麻麻地（一般般）、光光地（有点亮）等等。

7 招牌菜——（招牌菜）通常是指饭店、餐馆里较有特色的菜肴。“菜”在书面语中指“菜肴”，而在口语中指蔬菜。

8 重同你嘅馂好配添——（还与你的菜很搭配呢）“添”在这里作副词，有扩充范围或递进的作用，相当于普通话中的“再”、“不仅……而且……”。例如：

(1) 你食多碗饭添啦！（你再多吃一碗饭吧！）

(2) 啲馂好靓，重好好味添。（这菜不仅很美，而且味道很好。）

此外，“添”还作语气词，表示强调语气。例如：呢煲饭焗一阵添就食得喇。（这锅饭焖一会儿就可以吃了。）

9 啱我食——（适合我吃）“啱”在这里相当于普通话中的“合、适合”，其否定式为“唔啱”，正反疑问式为“啱唔啱”。此外，“啱”还相当于普通话“对，正确”的意思。例如：

你噉做系唔啱嘅。（你这样做是不对的。）

10 呢排——（最近，近来）“排”相当于普通话中的“一段时间”。相应的说法如：前排（前一段时间）、吖排（那一阵子）、过一排（过一段时间）等等。“呢排”也可以说成“呢轮 lên[4]”。

11 呢味馂——（这道菜）“味”在这里是一个量词，读音为“méi$^{4-2}$”，相当于普通话中的“道”。

12 唔好落糖——（不要放糖，别放糖）“唔好”是一个否定词，相当于普通话中的“不要、别”。“唔好”也可说成“咪 mei[2]”。

例如：咪客气（别客气）、咪语记得（别忘了）等等。

13 两打——（两打，二十四个）“打”是一个数量词，“一打”相当于十二件。其中“打”是英语“dozen 十二个”前面一个音节的音译。

14 就系——（就是）“就系”还相当于普通话中的“只有”、“只是”。例如：

（1）就系你唔食辣椒。（只有你不吃辣椒。）

（2）就系炒油菜咸咗啲。（只是炒油菜咸了点儿。）

15 好靓噃——（挺美啊）“噃”在这里作语气词，表示赞叹的语气，相当于普通话中的“啊”。此外，“噃”还可以用来表示提醒、请求或劝告等语气。例如：

你食咁咸唔系几好噃。（你吃这么咸不太好吧。）

16 点解——（为什么）它是一个疑问代词，相当于普通话中的“为什么”、“干吗”、“怎么”。

17 要多两份——（多要两份）“多”是一个副词，普通话中“多”习惯放置于动词前面，而广州话中则一般放置在动词后面。例如：

食多啲青菜啦！（多吃点儿青菜吧！）

在广州话中，除了“多”字外，还有“少”、“先”的用法也一样。例如：

食少啲烟啦。（少抽点儿烟吧。）

第四单元 席间服务

经典高频句型

1 qing^{2} men^{6} héi^{2} deg^{1} coi^{3} méi^{4} a^{3} ?
请 问 起 得 菜 未 呀?
(请问可以上菜了吗?)

2 tong^{1} zong^{1} hou^{2} la^{3} , céng^{2} man^{6} man$^{6-1}$ yem^{2} la^{1} !
汤 装 好 喇, 请 慢 慢 饮 啦!
(汤装好了, 请慢慢喝吧!)

3 néi^{5} yeo^{5} mou^{5} gao^{2} co^{3} a^{3} ?
你 有 冇 搞 错呀?
(你弄错了吧?)

4 qing^{2} men^{6} wun^{4} go^{3} sung^{3} , deg^{1} m^{4} deg^{1} a^{3} ?
请 问 换 个 餸 , 得 唔 得 呀?
(请问换一个菜, 行吗?)

5 ni^{1} di^{1} dou^{1} hei^{6} ngo^{5} ying^{1} goi^{1} zou^{6} gé^{3} .
呢啲 都 系 我 应 该 做 嘅。
(这些都是我应该做的。)

6 ngo^{5} tung^{4} néi^{5} wun^{4} fan^{1} kêu^{5} la^{1} !
我 同 你 换 番 佢 啦!
(我给你换了它吧!)

7

néi^5 déi^4 gé^3 sung^3 dou^1 sêng^5 cei^6 la^3.

你 哋 嘅 餸 都 上 齐 喇。

(你们的菜都上齐了。)

8

zeng^1 hei^6 m^4 hou^2 yi^3 xi^1 tung^4 néi^5 déi^4 dai^3 lei^4 ma^6 fan^4!

真 系 唔 好 意 思 同 你 哋 带 嚟 麻 烦!

(真的对不起给你们添麻烦了!)

9

m^4 goi^1 tung^4 ngo^5 ga^1 go^3 jiu^1 xi^1 tung^1 coi^3 la^1!

唔 该 同 我 加 个 椒 丝 通 菜 啦!

(请给我加一个椒丝空心菜吧!)

10

néi^5 sêng^2 di^1 sang^1 coi^3 dim^2 jing^2 fad^3 a^3?

你 想 啲 生 菜 点 整 法 呀?

(你想这生菜怎么个做法?)

11

qing^2 men^6 zung^6 yiu^3 m^4 yiu^3 dei^6 di^1 tiu^4 liu$^{4-2}$ a^3?

请 问 重 要 唔 要 第 啲 调 料 呀?

(请问还要别的调料吗?)

12

m^4 goi^1 tung^4 ngo^5 déi^4 zem^1 zeo^2 la^1!

唔 该 同 我 哋 斟 酒 啦!

(请给我们倒酒吧!)

13

qing^2 men^6 ngo^5 ho^2 m^4 ho^2 yi^5 lo^2 zeo^2 di^1 wun^2 tung^4 dib^6 a^3?

请 问 我 可 唔 可 以 掊 走 啲 碗 同 碟 呀?

(请问我可以把这些碗和盘子拿走吗?)

14

m^4 goi^1 zêng^1 xig^6 xing^4 dei^1 di^1 yé^5 da^2 bao^1 la^1!

唔 该 将 食 剩 低 啲 嘢 打 包 啦!

(请将吃剩下的东西打包吧!)

---

15 néi^5 hou^2 ! qing^2 men^6 yeo^5 med^1 yé^5 xi^6 a^3 ?
您 好！请 问 有 乜 嘢事呀？
（您好！请问有什么事？）

实战场景会话

1 上菜服务

会话

fug^6 mou^4 yun^4 ： néi^5 gé^3 coi^3 zên^2 béi^4 hou^2 la^3 , qing^2 men^6 héi^2 deg^1 coi^3 méi^4 a^3 ?
服 务 员 ： 你 嘅 菜 准 备 好 喇，请 问 起 得 菜 未 呀？
（你的菜准备好了，请问可以上菜了吗？）

gu^3 hag^3 ： m^4 goi^1 héi^2 coi^3 la^1 !
顾 客 ： 唔 该 起 菜 啦！
（请上菜吧！）

fug^6 mou^4 yun^4 ： ni^1 go^3 hei^6 néi^5 gé^3 pai^4 gued^1 tong^1 , ngo^5 tung^4 néi^5 zong^1 tong^1 la^1 !
服 务 员 ： 呢 个 系 你 嘅 排 骨 汤，我 同 你 装 汤 啦！
（这是你的排骨汤，我给你盛汤吧！）

gu^3 hag^3 ： hou^2 gé^3 , ma^6 fan^4 sai^3 !
顾 客 ： 好 嘅，麻 烦 晒！
（好的，麻烦了！）

fug6 mou4 yun4： m4 ma6 fan4！…… tong1 zong1 hou2 la3，céng2 man6 man6-1 yem2 la1！

服 务 员： 唔麻烦！…… 汤 装 好喇，请 慢 慢 饮 啦！

（不麻烦！……汤盛好了，请慢慢喝吧！）

gu3 hag3： m4 goi1！

顾 客： 唔该！

（谢谢！）

fug6 mou4 yun4： ni1 di1 hei6 hung4 xiu1 ju1 gêg3 tung4 jiu1 yim4 sa1 ha1.

服 务 员： 呢啲系 红 烧猪脚 同 椒 盐 沙 虾。

（这些是红烧猪蹄和椒盐沙虾。）

gu3 hag3： xiu2 zé2，néi5 yeo5 mou5 gao2 co3 a3？ngo5 mou5 dim2 dou3 jiu1 yim4 sa1 ha1.

顾 客： 小 姐，你 有 冇 搞 错呀？我 冇 点 到 椒 盐 沙 虾。

（小姐，你弄错了吧？我没有点到椒盐沙虾。）

fug6 mou4 yun4： deng2 ngo5 ca4 ha5 la1！…… xin1 sang1，ni1 go3 sung3 hei6 néi5 dim2 gé3.

服 务 员： 等 我 查 下 啦！…… 先 生，呢 个 餸 系 你 点 嘅。

（让我查一查吧！……先生，这个菜是你点的。）

gu3 hag3： hei6 mé1？qing2 men6 wun4 go3 sung3 deg1 m4 deg1 a3？

顾 客： 系 咩？请 问 换 个 餸 得唔得呀？

（是吗？请问换一个菜行吗？）

fug^{6}mou^{4}yun^{4}： jiu^{1}yim^{4}sa^{1}ha^{1}hei^{6}qu^{4}xi^{1}têu^{1}gai^{3}coi^{3}，xi^{3}ha^{5}la^{1}！
服 务 员： 椒盐沙虾系厨师推介菜，试下啦！

（椒盐沙虾是厨师推介菜，尝尝吧！）

gu^{3} hag^{3}： hou^{2}la^{1}，gem^{2}zeo^{6}xi^{3}ha^{5}la^{1}！
顾 客： 好啦，噉就试下啦！

（好吧，那就尝一尝吧！）

fug^{6}mou^{4}yun^{4}： zeng^{1}hei^{6}m^{4}goi^{1}sai^{3}néi^{5}gé^{3}léi^{5}gai^{2}！
服 务 员： 真系唔该晒你嘅理解！

（真的十分感谢你的理解！）

gu^{3} hag^{3}： ngo^{5} zung^{6} yeo^{5} go^{3} yêng^{6} ngeo^{4} pa^{2}，m^{4} goi^{1} fai^{3} di^{1} sêng^{5} la^{1}！
顾 客： 我重有个酿牛扒，唔该快啲上啦！

（我还有一个酿牛扒，麻烦快点上吧！）

fug^{6}mou^{4}yun^{4}： m^{4}hou^{2}yi^{3}xi^{1}！jing^{2}ni^{1}go^{3}sung^{3}yiu^{3}di^{1}xi^{4}gan^{3}，m^{4} goi^{1}deng^{2}do^{1}zen^{4}la^{1}.
服 务 员： 唔好意思！整呢个餸要啲时间，唔该等多阵啦。

（对不起！烹调这个菜需要点儿时间，请多等一会儿吧。）

gu^{3} hag^{3}： gem^{2}hou^{2}la^{1}，zeng^{1}hei^{6}m^{4}goi^{1}sai^{3}！
顾 客： 噉好啦，真系唔该晒！

（那好吧，真的非常感谢！）

fug^{6}mou^{4}yun^4： m^{4}sei^{2}hag^{3}héi^3，ni^{1}di^{1}dou^{1}hei^{6}ngo^{5}ying^{1}goi^{1}zou^6 gé^3.
服 务 员： 唔使客气，呢啲都系我应该做嘅。

（不用客气，这些都是我应该做的。）

2 换菜服务

会话

fug^{6}mou^{4}yun^4： xiu^{2}zé^2，ni^{1}go^{3}hei^{6}néi^{5}gé^{3}dêg^{3}jiu^{1}yu^{4}teo^6.
服 务 员： 小姐，呢个系你嘅剁椒鱼头。

（小姐，这是你的剁椒鱼头。）

gu^3 hag^3： m^{4}goi^1！ngo^{5}zung^{6}yeo^{5}géi^{2}go^{3}sung^{3}bo^3.
顾 客： 唔该！我重有几个餸嚼。

（谢谢！我还有几个菜啊。）

fug^{6}mou^{4}yun^4： hou^{2}gé^3，deng^{2}zen$^{6-2}$zeo^{6}lo^{2}guo^{3}lei^{4}ga^{3}la^3.
服 务 员： 好嘅，等阵就攞过嚟㗎喇。

（好的，待一会儿就端过来了。）

gu^3 hag^3： ni^{1}go^{3}hei^{6}med^{1}yé^{5}sung^{3}a^3?
顾 客： 呢个系乜嘢餸呀？

（这个是什么菜？）

fug^{6}mou^{4}yun^4： ni^{1}go^{3}hei^{6}néi^{5}dim^{2}gé^{3}hung^{4}xiu^{1}yu^{4}pin$^{3-2}$.
服 务 员： 呢个系你点嘅红烧鱼片。

（这是你点的红烧鱼片。）

gu^{3} hag^{3}： néi^{5} gao^{2} co^{3} zo^{2} la^{3}, ngo^{5} dim^{2} gé^{3} hei^{6} hung^{4} xiu^{1} gei^{1} pa^{2}.

顾　客：你搞错咗喇，我点嘅系红烧鸡扒。

（你弄错了，我点的是红烧鸡扒。）

fug^{6} mou^{4} yun^{4}： xiu^{2} zé^{2}, dêu^{3} m^{4} ju^{4}! ngo^{5} tung^{4} néi^{5} wun^{4} fan^{1} kêu^{5} la^{1}!

服务员：小姐，对唔住！我同你换番佢啦！

（小姐，对不起！我给你换了它吧！）

3 退菜服务

会话

fug^{6} mou^{4} yun^{4}： xin^{1} sang^{1}, néi^{5} déi^{4} gé^{3} sung^{3} dou^{1} sêng^{5} cei^{6} la^{3}.

服务员：先生，你哋嘅餸都上齐喇。

（先生，你们的菜都上齐了。）

gu^{3} hag^{3}： ngo^{5} déi^{4} dim^{2} zo^{2} lug^{6} go^{3} sung^{3}, dim^{2} gai^{2} sêng^{5} ced^{1} go^{3} sung^{3} gé$^{3-2}$?

顾　客：我哋点咗六个餸，点解上七个餸嘅？

（我们点了六个菜，干吗上七个菜呢？）

fug^{6} mou^{4} yun^{4}： ho^{2} neng^{4} hei^{6} ngo^{5} déi^{4} gao^{2} co^{3} zo^{2} la^{3}, deng^{2} ngo^{5} cég^{1} ha^{5} la^{1}.

服务员：可能系我哋搞错咗喇，等我呎下啦。

（可能是我们弄错了，让我查一下吧。）

gu³ hag³：hou²gé³，m⁴goi¹！
顾 客：好 嘅，唔 该！
（好的，谢谢！）

fug⁶mou⁴yun⁴：néi⁵déi⁴mou⁵dim²dou³bag⁶zam²gei¹，hei⁶m⁴hei⁶a³？
服 务 员：你 哋 冇 点 到 白 斩 鸡，系 唔 系 呀？
（你们没有点白切鸡，是吗？）

gu³ hag³：hei⁶gua³？
顾 客：系 啩？
（是吧？）

fug⁶mou⁴yun⁴：zeng¹hei⁶m⁴hou²yi³xi¹tung⁴néi⁵déi⁴dai³lei⁴ma⁶fan⁴，ngo⁵tung⁴néi⁵déi⁴têu³zo²kêu⁵la¹！
服 务 员：真 系 唔 好 意 思 同 你 哋 带 嚟 麻 烦，我 同 你 哋 退 咗 佢 啦！
（真是对不起给你们添麻烦了，我给你们退了它吧！）

gu³ hag³：zung⁶yeo⁵，di¹mui⁴coi³keo³yug⁶ham⁴deg¹zei⁶，zeng¹hei⁶xig⁶m⁴log⁶.
顾 客：重 有，啲 梅 菜 扣 肉 咸 得 滞，真 系 食 唔 落。
（还有，这梅菜扣肉太咸了，真的吃不下。）

fug⁶mou⁴yun⁴：ngo⁵tung¹ji¹qu⁴fong²zoi³jing²guo³la¹，dim²a³？
服 务 员：我 通 知厨 房 再 整 过 啦，点 呀？
（我通知厨房再做过吧，怎么样？）

gu³ hag³：m⁴sei²la³，m⁴goi¹tung⁴ngo⁵têu³zo²kêu⁵la¹！
顾 客：唔使 喇，唔 该 同 我 退 咗 佢 啦！
（不必了，请给我退了它吧！）

fug6mou4yun4： hou2la1，zeng1hei6dêu3m4ju4！
服 务 员： 好啦，真 系 对 唔住！
（好吧，实在抱歉！）

4 加菜服务

会话

gu3 hag3： m4goi1，fug6mou4yun4！
顾 客： 唔该，服 务 员！
（劳驾，服务员！）

fug6mou4yun4： qing2men6yeo5med1yé5xi6a3？
服 务 员： 请 问 有 乜 嘢事呀？
（请问有什么事吗？）

gu3 hag3： m4goi1tung4ngo5ga1go3jiu1xi1fu4yu5tung1coi3la1！
顾 客： 唔该 同 我 加个 椒丝腐乳 通 菜啦！
（请给我加一个椒丝腐乳空心菜吧！）

fug6mou4yun4： m4hou2yi3xi1，tung1coi3mou5sai3la3，sang1coi3dim2a3？
服 务 员： 唔好意思，通 菜 冇 晒喇，生 菜 点 呀？
（对不起，空心菜没有了，生菜如何？）

gu3 hag3： hou2la1，gem2zeo6ga1go3hou4yeo6sang1coi3la1！
顾 客： 好 啦，噉 就 加个 蚝 油 生 菜啦！
（好吧，那就加一个蚝油生菜吧！）

fug6mou4yun4： hou2gé3，m4goi1deng2zen6-2！
服 务 员： 好 嘅，唔该 等 阵 ！
（好的，请稍等。）

5 加酒水服务

会话

gu3 hag3： fug6 mou4 yun4，m4 goi1 guo3 guo3 lei4 la1！
顾　客： 服务员，唔该过过嚟啦！

（服务员，请过来一下吧！）

fug6 mou4 yun4： qing2 men6 yeo5 med1 yé5 yiu3 bong1 seo2 ga3？
服务员： 请问有乜嘢要帮手㗎？

（请问有什么要帮忙吗？）

gu3 hag3： m4 goi1 tung4 ngo5 ga1 lêng5 bui1 bou2 zeo2 tung4 lêng5 gun3 cang2 zeb1 la1！
顾　客： 唔该同我加两杯补酒同两罐橙汁啦！

（请给我加两杯补酒和两罐橙汁吧！）

fug6 mou4 yun4： qing2 men6 yiu3 med1 yé5 bou2 zeo2 a3？
服务员： 请问要乜嘢补酒呀？

（请问要什么补酒呢？）

gu3 hag3： yen4 sem1 ling6 ji1 dai6 bou2 zeo2 la1！
顾　客： 人参灵芝大补酒啦！

（人参灵芝大补酒吧！）

fug6 mou4 yun4： hou2 gé3. cang2 zeb1 yiu3 m4 yiu3 dung3 ga3？
服务员： 好嘅。橙汁要唔要冻㗎？

（好的。橙汁要冰的吗？）

gu3 hag3： m4 sei2 dung3 gé3.
顾　客： 唔使冻嘅。

（不用冰的。）

fug^{6}mou^{4}yun^4： m^{4}goi^{1}deng^{2}zen$^{6-2}$, ngo^{5}jig^{1}hed^{1}lo^{2}lei^4.
服务员： 唔该等阵，我即刻攞嚟。

（请稍等，我马上拿来。）

6 提供香料服务

会话

gu^3 hag^3： xiu^{2}zé^2, m^{4}goi^{1}tung^{4}ngo^{5}ga^{1}di^{1}tiu^{4}liu$^{4-2}$la^1!
顾客： 小姐，唔该同我加啲调料啦！

（小姐，请给我加点调料吧！）

fug^{6}mou^{4}yun^4： qing^{2}men^{6}néi^{5}yiu^{3}ga^{1}med^{1}yé^{5}tiu^{4}liu$^{4-2}$a^3?
服务员： 请问你要加乜嘢调料呀？

（请问你要加什么调料？）

gu^3 hag^3： qing^{2}men^{6}néi^{5}déi^{4}yeo^{5}di^{1}med^{1}yé^{5}lad^{6}gé^{3}tiu^{4}liu$^{4-2}$ a^3?
顾客： 请问你哋有啲乜嘢辣嘅调料呀？

（请问你们有些什么辣的调料？）

fug^{6}mou^{4}yun^4： yeo^{5}lad^{6}jiu^{1}zêng^3、gib^{1}zeb^{1}tung^{4}mai^{6}gai^{3}mud^6.
服务员： 有辣椒酱、喼汁同埋芥末。

（有辣椒酱、辣酱油和芥末。）

gu^3 hag^3： m^{4}goi^{1}tung^{4}ngo^{5}lo^{2}di^{1}gai^{3}mud^{6}la^1!
顾客： 唔该同我攞啲芥末啦！

（请给我拿点儿芥末吧！）

fug6 mou4 yun4： hou2 gé3，ngo5 jig1 hed1 zeo6 lo2 lei4.
服务员：好嘅，我即刻就攞嚟。

（好的，我马上就拿来。）

7 加餐具和换餐具服务

会话

gu3 hag3： néi5 hou2，fug6 mou4 yun4！
顾客：您好，服务员！

（您好，服务员！）

fug6 mou4 yun4： xin1 sang1，néi5 hou2！qing2 men6 yeo5 med1 yé5 xi6 a3？
服务员：先生，您好！请问有乜嘢事呀？

（先生，您好！请问有什么事吗？）

gu3 hag3： m4 goi1 tung4 ngo5 déi4 ga1 lêng5 tou3 can1 gêu6 la1！
顾客：唔该同我哋加两套餐具啦！

（请给我们加两套餐具吧！）

fug6 mou4 yun4： hou2 gé3，m4 goi1 deng2 zen6-2！……ni1 dou6 hei6 néi5 yiu3 gé3 can1 gêu6.
服务员：好嘅，唔该等阵！……呢度系你要嘅餐具。

（好的，请稍等！……这儿是你要的餐具。）

gu3 hag3： ni1 dêu3 fai3 wan1 zo2 la3，m4 goi1 wun4 guo3 dêu3 la1！
顾客：呢对筷弯咗喇，唔该换过对啦！

（这双筷子弯曲了，请换过一双吧！）

$fug^6 mou^4 yun^4$：　$zeng^1 hei^6 dêu^3 m^4 ju^4$！
服务员：　真系对唔住！

（真的对不起！）

gu^3　hag^3：　$zung^6 yeo^5 ni^1 go^3 bui^1 yeo^6 lan^4 yeo^6 wu^1 zou^1$.
顾　客：　重有呢个杯又烂又污糟。

（还有这个杯子又破又脏。）

$fug^6 mou^4 yun^4$：　$hou^2 gé^3$, $ngo^5 jig^1 hed^1 hêu^3 wun^4 fan^1 kêu^5 la^1$！
服务员：　好嘅，我即刻去换番佢啦！

（好的，我马上去换了它吧！）

8 撤走餐具服务

会话

$fug^6 mou^4 yun^4$：　$qing^2 men^6 ngo^5 ho^2 m^4 ho^2 yi^5 lo^2 zeo^2 di^1 wun^2 tung^4$ $dib^{6-2} a^3$？
服务员：　请问我可唔可以捞走啲碗同碟呀？

（请问我可不可以撤走这些碗和盘子呢？）

gu^3　hag^3：　$di^1 wun^2 ho^2 yi^5 lo^2 zeo^2 la^3$, $di^1 dib^{6-2} mei^5 lo^2 ju^4 xin^1 la^1$！
顾　客：　啲碗可以捞走喇，啲碟咪捞住先啦！

（这些碗可以取走了，这些盘子先别拿吧！）

$fug^6 mou^4 yun^4$：　$hou^2 gé^3$, $m^4 hou^2 yi^3 xi^1 da^2 gao^2 sai^3$！
服务员：　好嘅，唔好意思打扰晒！

（好的，对不起打扰了！）

gu^3 hag^3： m^4 goi^1，fug^6 mou^4 yun^4！m^4 goi^1 lo^2 zeo^2 di^1 bui^1 tung^4 dib^6 la^1！
顾　客：唔该，服务员！唔该捞走啲杯同碟啦！

（劳驾，服务员！请把这些杯子和盘子撤走吧！）

fug^6 mou^4 yun^4： hou^2 gé^3，ngo^5 jig^1 hed^1 zeo^6 lei^4！
服务员：好嘅，我即刻就嚟！

（好的，我马上就来！）

9 赠送甜品或水果服务

会话

fug^6 mou^4 yun^4： qing^2 men^6 néi^5 déi^4 yiu^3 tim^4 ben^2 ding^6 hei^6 sang^1 guo^2 a^3？
服务员：请问你哋要甜品定系生果呀？

（请问你们要甜品还是水果？）

gu^3 hag^3： ngo^5 déi^4 xig^6 di^1 sang^1 guo^2 la^1！
顾　客：我哋食啲生果啦！

（我们吃点水果吧！）

fug^6 mou^4 yun^4： qing^2 men^6 néi^5 déi^4 zung^1 yi^3 xig^6 med^1 yé^5 sang^1 guo^2 a^3？
服务员：请问你哋中意食乜嘢生果呀？

（请问你们喜欢吃什么水果？）

gu^{3} hag^{3}: yiu^{3} di^{1} sei^{1} gua^{1} tung^{4} bo^{1} lo^{4} la^{1}!
顾 客: 要啲西瓜 同 菠萝啦!

(要些西瓜和菠萝吧!)

fug^{6} mou^{4} yun^{4}: hou^{2} gé^{3}, ngo^{5} jig^{1} hed^{1} lo^{2} lei^{4}.
服务员: 好嘅, 我即刻捞嚟。

(好的, 我马上拿来。)

10 其他服务（以下各句均为顾客所说）

- m^{4} goi^{1} ga^{1} lêng^{5} go^{3} wei^{2} la^{1}!
  唔该加两个位啦!

(请加两个位吧!)

- m^{4} goi^{1} ga^{1} zêng^{1} bi^{4} bi^{1} deng^{3} la^{1}!
  唔该加张 B B 凳啦!

(请加一张婴儿凳子吧!)

- m^{4} goi^{1} zong^{1} sam^{1} wun^{2} fan^{4} la^{1}!
  唔该装三碗饭啦!

(请盛三碗饭吧!)

- m^{4} goi^{1} ga^{1} lêng^{5} fai^{3} tim^{4} gé^{3} jin^{1} béng^{2} la^{1}!
  唔该加两块甜嘅煎饼啦!

(请加两块甜的煎饼吧!)

- m^{4} goi^{1} tung^{4} ngo^{5} zem^{1} bui^{1} sêu^{2} la^{1}!
  唔该同我斟杯水啦!

(麻烦给我倒一杯水吧。)

● m⁴goi¹tung⁴ngo⁵déi⁴cung¹wu⁴ca⁴la¹!
唔该同我哋冲壶茶啦!

(麻烦给我们泡一壶茶吧!)

● m⁴goi¹lo²go³yin¹fui¹zung¹lei⁴la¹!
唔该捞个烟灰盅嚟啦!

(请拿一个烟灰缸来吧!)

● m⁴goi¹lo²di¹nga⁴qim¹lei⁴la¹!
唔该捞啲牙签嚟啦!

(请拿点牙签来吧!)

● m⁴goi¹lo²bao¹ji²gen¹tung⁴lêng⁵tiu⁴can¹gen¹lei⁴la¹!
唔该捞包纸巾同两条餐巾嚟啦!

(请拿一包纸巾和两条餐巾来吧!)

● m⁴goi¹tung⁴ngo⁵lo²lêng⁵bao¹"sêng¹héi²yin¹"lei⁴la¹!
唔该同我捞两包"双喜烟"嚟啦!

(请给我拿两包"双喜烟"来吧!)

● m⁴goi¹zêng¹xig⁶xing⁴dei¹di¹yé⁵da²bao¹la¹!
唔该将食剩低啲嘢打包啦!

(请将吃剩下的东西打包吧!)

● m⁴goi¹cao²go³ngeo⁴yug⁶ho⁴fen²da²bao¹la¹!
唔该炒个牛肉河粉打包啦!

(请炒一个牛肉河粉打包吧!)

● m4 goi1 mad3 ha5 ni1 zêng1 toi2 la1!
唔该 抹 下呢 张 台啦!

(麻烦擦擦这张桌子吧!)

● m4 goi1 guan1 ha5 go3 cêng1 la1!
唔该 关 下个 窗 啦!

(请关一下窗户吧!)

● m4 goi1 hoi1 ha5 lang5 héi3 la1!
唔该 开下 冷 气啦!

(劳驾开一下空调吧!)

● m4 goi1 zêng1 hung1 tiu4 gé3 wen1 dou6 tiu4 dei1 di1 la1!
唔该 将 空 调嘅 温 度 调 低 啲啦!

(请把空调的温度调低点吧!)

● m4 goi1 hoi1 ha5 fung1 xin3 la1!
唔该 开 下 风 扇啦!

(请开开风扇吧!)

● m4 goi1 lai1 mai4 go3 cêng1 lim4 la1!
唔该 拉 埋 个 窗 帘 啦!

(请把窗帘拉拢吧!)

● m4 goi1 tung4 ngo5 lo2 ji1 bed1 tung4 zêng1 ji2 lei4 la1!
唔该 同 我 攞支 笔 同 张 纸嚟 啦!

(请给我拿一支笔和一张纸来吧!)

- m^{4}goi^{1}lo^{2}go^{3}fo^{2}géi^{1}lei^{4}yung^{4}ha^{5}la^{1}！
  唔该攞个火机嚟 用 下啦！

（请拿一个打火机来用一下吧！）

- m^{4}goi^{1}tung^{4}ngo^{5}déi^{4}hoi^{1}ha^{5}din^{6}xi^{4}la^{1}！
  唔该 同 我 哋 开 下 电 视啦！

（请为我们开开电视吧！）

- m^{4}goi^{1}tung^{4}ngo^{5}déi^{4}lo^{2}géi^{2}go^{3}xig^{1}zung^{1}lei^{4}la^{1}！
  唔该 同 我 哋攞几个色 盅 嚟啦！

（请给我们拿几个骰子盅来吧！）

知识链接

浅谈中餐上菜

上菜是餐馆职员为客人服务的重要环节。它并非一种简单的服务操作过程，而是涉及到传统习惯及礼貌礼仪等事项。一般而言，中餐上菜的位置一般为左上右撤。上菜的顺序为：先上冷盘以下酒，接着上热菜。热菜是宴席的主题菜，也称为主菜，是宴席中最名贵之菜。热菜上完后，紧接着要上的应当为配合主菜的菜。主题菜上完后，顺序上炒菜、大菜、汤、点心、甜品，最后上水果。

按照我国传统礼貌习惯，为客人上整鸡、整鸭及整鱼时，应注意“鸡不献头、鸭不献尾，鱼不献背”。意思是说，不要把鸡头、鸭尾、鱼脊朝向主宾，应将鸡头、鸭尾朝向右边，鱼腹朝向主宾，以示尊重。在上每一道新菜时，需将上一道剩菜移向第二主人一边，新上的菜放于主宾面前，也表示尊重。在上有图案的菜肴如孔雀、凤凰等拼盘时，则应将菜肴的正面朝向主宾，以供主宾欣赏和食用。

语法详解

1 起得菜喇。——（**可以上菜了**。）“得”相当于普通话中的“可以，行”。在普通话中，“可以”习惯放置于动词前面，而在广州话中一般习惯放置于动词后面。例如：

食得饭喇。（可以吃饭了。）

走得喇。（可以离开了。）

普通话的“可以”在广州话中也可以说成书面语“可以 ho^2 yi^5”，但此时“可以”就不能放置于动词后面了。对比一下：

我哋食得饭喇。＝我哋可以食饭喇。（我们可以吃饭了。）

2 你有冇搞错呀？——（**你弄错了吧**？/**你有没有搞错**？）这是广州话的一句惯用语，一般用于对别人的语言和行为表示一种异议或不满。

3 换番个餸——（**换一个菜**）“番”在这里是一个助词，用在动词或形容词后面作补语，表示一种回复性，即表示动作或状态回复到原来的位置。例如：佢嘅身体好番喇。（他的身体康复了。）意思是说：身体原来的状态是好的，然后患了病，身体不好，看了大夫，经过医生的治疗后，身体又变好了，即身体回复到好的状态，此时的“好”要在后面加上一个补语“番”来表达。但是，“番”在某些情况下只用来表示动作的转换。例如：唞番下（休息一下）、饮番两杯（喝它两盅）等等。

4 系啩？——（**是吧**？）“啩”是一个语气词，用在疑问句中表示一种推测、询问的语气，相当于普通话中的“吧”。注意这个“吧”与前面所讲述过用于陈述句和祈使句中的“吧”是不同的用法。

5 食唔落——（**吃不下**）“落”是一个动词，相当于普通话中的“下，放”。例如：落雨（下雨）、落少啲辣椒（少放些辣椒）。

6 咸得滞——（**太咸了**）“得滞”是一个助词，一般放于形容词后面，表示程度过分之高，相当于普通话中“太……了”的结构。

"得滞"也可说成"过头"。即广州话中"……得滞"、"……过头"相当于普通话中的"太……了"。例如：辣得滞（太辣了），多过头（太多了）等等。

7 呢对筷——（这双筷子）"对"是一个量词，相当于普通话中的"双"。普通话中所有成双的物品，在广州话中通常都用"对"这一量词来表达。例如：呢对鞋 hai^{4}（这双鞋）、一对袜 meg^{6}（一双袜子）等等。

8 污糟——（脏，不干净）"污糟"也可说成"邋遢 lad^{6}tad^{3}"，而"污糟邋遢"则相当于普通话"脏得要命"的意思。普通话中"脏得要命"在广州话中可以说成"污糟到死 séi^{2}"或"邋遢到死"。普通话中"……得要命"或"……得够戗"的结构，在广州话中则用"……到死"这一句子结构来表达。例如：㾓 gui^{4} 到死（累得要命），酸到死（酸得够戗）等等。

9 打扰晒！——（打扰了！）"打扰晒"也可说成"滚搅 guen^{2}gao^{2} 晒"。

10 拶走啲碗同碟——（把这些碗和盘子拿走）普通话中的"把"字句结构，在广州话中通常不必将"把"字翻译出来，而是将"把"字句中的动词抽出放置于"把"字前面，然后把剩下内容讲完即可。例如：唔该取消呢个餸啦！（请把这个菜取消吧！）

11 斟杯水——（倒一杯水）"斟"是一个动词，相当于普通话中的"倒"。此外，"斟"还相当于普通话中"谈"、"聊"和"商量"的意思。例如：斟生意（谈生意）、斟下（商量一下）等等。

12 剩低——（剩下）"低"用在动词后面作补语，相当于普通话中的"下"。普通话通常用"动词＋下"的结构，而广州话通常用"动词＋低"的结构来表达。例如：坐低（坐下）、放低（放下）、留 leo^{4} 低（留下）等等。

13 关下个窗——（把窗户关一下）"关"也可以说成"闩 sang^{1}"。

第五单元 处理顾客抱怨

经典高频句型

1

néi^5 gé^3 hung^4 xiu^1 gei^1 yig^6 dim^2 yêng^2 a^3?

你嘅 红 烧 鸡 翼 点 样 呀?

(你的红烧鸡翅膀怎么了?)

2

m^4 goi^1 tung^4 ngo^5 cêu^2 xiu^1 kêu^5 la^1!

唔该 同 我 取 消 佢 啦!

(请给我取消它吧!)

3

ngo^5 tung^4 néi^5 sêng^5 tim^4 ben^2 la^1, dim^2 a^3?

我 同 你 上 甜 品 啦, 点 呀?

(我为你上甜品吧, 怎样?)

4

néi^5 déi^4 hei^6 dim^2 gao^2 ga^3?

你 哋 系 点 搞 㗎?

(你们是怎么搞的?)

5

dim^2 gai^2 ngo^5 dim^2 di^1 sung^3 zung^6 méi^4 deg^1 a^3?

点 解 我 点 啲 餸 重 未 得 呀?

(怎么我点的菜还没上呢?)

6

ngo^5 sêng^2 wun^4 zêng^1 toi^2, deg^1 m^4 deg^1 a^3?

我 想 换 张 台, 得 唔 得 呀?

(我想换一张桌子, 行吗?)

7 m^{4} goi^{1} gen^{1} ngo^{5} lei^{4} la^{1}！

唔 该 跟 我 嚟啦！

（请跟我来吧。）

8 néi^{5} dim^{2} gai^{2} gem^{3} m^{4} xiu^{2} sem^{1} ga^{3}？

你 点 解 咁 唔 小 心 㗎？

（你干吗那么不小心的呢？）

9 kêu^{5} déi^{4} yeo^{5} di^{1} med^{1} yé^{5} yiu^{1} keo^{4} a^{3}？

佢 哋 有 啲 乜 嘢 要 求呀？

（他们有些什么要求？）

10 néi^{5} hêng^{3} kêu^{5} déi^{4} gai^{2} xig^{1} ha^{5} la^{1}！

你 向 佢 哋 解 释 下 啦！

（你向他们解释一下吧！）

11 ngo^{5} dêu^{3} néi^{5} déi^{4} gé^{3} fug^{6} mou^{4} hou^{2} m^{4} zung^{1} yi^{3}.

我 对 你 哋 嘅 服 务 好 唔 中 意。

（我对你们的服务很不满意。）

12 qing^{2} men^{6} ni^{1} lêng^{5} méi$^{4-2}$ sung^{3} dim^{2} a^{3}？

请 问 呢 两 味 餸 点 呀？

（请问这两道菜怎么了？）

13 gem^{2} zeo^{6} xun^{3} sou^{3} la^{1}！

噉 就 算 数 啦！

（那就算了吧！）

14 m^{4} gen^{2} yiu^{3} la^{1}！

唔 紧 要 啦！

（不要紧了！）

15 ni^{1} can^{1} fan^{4} ngo^{5} tung^{4} néi^{5} da^{2} bad^{3} jid^{3} la^{1}！
呢餐饭我同你打八折啦！
（这顿饭我给你打个八折吧！）

实战场景会话

1 接受顾客投诉

会话1

gu^{3} hag^{3}：m^{4} goi^{1} fug^{6} mou^{4} yun^{4}！
顾客：唔该服务员！
（劳驾服务员！）

fug^{6} mou^{4} yun^{4}：xin^{1} sang^{1}，qing^{2} men^{6} yeo^{5} med^{1} yé^{5} xi^{6} a^{3}？
服务员：先生，请问有乜嘢事呀？
（先生，请问有什么事吗？）

gu^{3} hag^{3}：hei^{6} ngo^{5} dim^{2} gé^{3} hung^{4} xiu^{1} gei^{1} yig^{6}.
顾客：系我点嘅红烧鸡翼。
（是我点的红烧鸡翅膀。）

fug^{6} mou^{4} yun^{4}：xin^{1} sang^{1}，néi^{5} gé^{3} hung^{4} xiu^{1} gei^{1} yig^{6} dim^{2} yêng^{2} a^{3}？
服务员：先生，你嘅红烧鸡翼点样呀？
（先生，你的红烧鸡翅膀怎么了？）

gu^{3} hag^{3}：m^{4} geo^{3} sug^{6} yeo^{6} m^{4} sen^{1} xin^{1}，zeng^{1} hei^{6} gig^{1} héi^{3}.
顾客：唔够熟又唔新鲜，真系激气。
（不够熟又不新鲜，真是恼火。）

fug^{6} mou^{4} yun^{4}： zeng^{1} hei^{6} dêu^{3} m^{4} ju^{4}, ngo^{5} tung^{4} néi^{5} wun^{4} guo^{3} fen^{6} la^{1}!
服务员：真系对唔住，我同你换过份啦！

（真的很抱歉，我给你换过一份吧！）

gu^{3} hag^{3}： m^{4} sei^{2} la^{3}, m^{4} goi^{1} tung^{4} ngo^{5} cêu^{2} xiu^{1} kêu^{5} la^{1}!
顾客：唔使喇，唔该同我取消佢啦！

（不用了，请给我取消它吧！）

fug^{6} mou^{4} yun^{4}： hou^{2} gé^{3}. ngo^{5} tung^{4} néi^{5} sêng^{5} tim^{4} ben^{2} la^{1}, dim^{2} a^{3}?
服务员：好嘅。我同你上甜品啦，点呀？

（好的。我为你上甜品吧，怎样？）

gu^{3} hag^{3}： m^{4} yiu^{3} tim^{4} ben^{2}, lo^{2} di^{1} sang^{1} guo^{2} zeo^{6} deg^{1} la^{3}.
顾客：唔要甜品，攞啲生果就得喇。

（不要甜品，拿点儿水果就行了。）

fug^{6} mou^{4} yun^{4}： hou^{2} gé^{3}, ngo^{5} yed^{1} zen^{2} zeo^{6} lo^{2} lei^{4}.
服务员：好嘅，我一阵就攞嚟。

（好的，我一会儿就拿来。）

会话2

gu^{3} hag^{3}： fug^{6} mou^{4} yun^{4}, néi^{5} déi^{4} hei^{6} dim^{2} gao^{2} ga^{3}?
顾客：服务员，你哋系点搞㗎？

（服务员，你们是怎么搞的？）

fug^{6} mou^{4} yun^{4}： xiu^{2} zé^{2}, qing^{2} men^{6} med^{1} yé^{5} xi^{6} a^{3}?
服务员：小姐，请问乜嘢事呀？

（小姐，请问什么事？）

gu3 hag3：dim2 gai2 ngo5 dim2 di1 sung3 zung6 méi4 deg1 a3？
顾　客：点解我点啲餸重未得呀？

（干吗我点的菜还没上呢？）

fug6 mou4 yun4：zeng1 hei6 dêu3 m4 ju4，ngo5 jig1 hed1 hêu3 qu4 fong2 ca4 ha5 la1！
服务员：真系对唔住，我即刻去厨房查下啦！

（实在对不起，我立刻到厨房去查查吧！）

gu3 hag3：m4 goi1 fai3 di1 la1，ngo5 deng2 zen2 yiu3 hoi1 wui2 ga3.
顾　客：唔该快啲啦，我等阵要开会㗎。

（麻烦快点吧，我等一下要开会的。）

fug6 mou4 yun4：hou2 gé3，m4 goi1 deng2 do1 yed1 zen2 la1！
服务员：好嘅，唔该等多一阵啦！

（好的，请多等一会儿吧！）

〈过了一会儿〉

fug6 mou4 yun4：xiu2 zé2，néi5 dim2 gé3 sung3 lei4 la3，céng2 man6 yung4 la1！
服务员：小姐，你点嘅餸嚟喇，请慢用啦！

（小姐，你点的菜上来了，请慢用吧！）

gu3 hag3：di1 sung3 ham4 guo3 teo6，yed1 di1 dou1 xig6 m4 log6.
顾　客：啲餸咸过头，一啲都食唔落。

（这菜太咸了，一点儿都吃不下。）

fug6 mou4 yun4： zeng1 hei6 dêu3 m4 ju4，ngo5 tung4 néi5 zoi3 jing2 guo3 la1！
服 务 员： 真 系 对 唔住，我 同 你 再 整 过 啦！
（真的对不起，我替你再做过吧！）

gu3 hag3： m4 sei2 la3，ngo5 zoi3 m4 wui5 lei4 ni1 dou6 xig6 fan4 la3.
顾 客： 唔使 喇，我 再唔 会 嚟呢 度 食 饭 喇。
（不必了，我再不会来这儿用餐了。）

会话3

gu3 hag3： fug6 mou4 yun4，m4 goi1 néi5 tei2 ha5 di1 zeo2 bui1 la1！
顾 客： 服 务 员，唔 该 你 睇 下 啲 酒 杯 啦！
（服务员，请你看看这些酒杯吧！）

fug6 mou4 yun4： di1 zeo2 bui1 yeo5 med1 men6 tei4 a3？
服 务 员： 啲 酒 杯 有 乜 问 题呀？
（这些酒杯有什么问题呢？）

gu3 hag3： ni1 lêng5 go3 zeo2 bui1 yeo6 lan4 yeo6 lad6 tad3，dim2 yem2 zeo2 a3？
顾 客： 呢 两 个 酒 杯 又 烂 又 邋 遢，点 饮 酒 呀？
（这两个酒杯又破又脏，怎么喝酒呢？）

fug6 mou4 yun4： dêu3 m4 ju4，ngo5 jig1 hed1 tung4 néi5 wun4 fan1 lêng5 go3 la1.
服 务 员： 对唔住，我 即 刻 同 你 换 番 两 个啦。
（对不起，我马上给你换两个吧。）

gu3 hag3： zung6 yeo5，ni1 dou6 hou2 dung3，ngo5 sêng2 wun4 zêng1 toi2，deg1 m4 deg1 a3？
顾 客： 重 有，呢 度 好 冻，我 想 换 张 台，得 唔 得 呀？
（还有，这儿很冷，我想换一张桌子，行吗？）

fug6mou4yun4：qing2men6mun4bin1go2zêng1toi2dim2yêng2a3？
服务员：请问门边吟张台点样呀？
（请问门边那张桌怎么样？）

gu3hag3：léi4mun4heo2ken5deg1zei6.
顾客：离门口近得滞。
（离门口太近了。）

fug6mou4yun4：yi6leo2kao3cêng1bin1gé3can1toi2zung1m4zung1yi3a3？
服务员：二楼靠窗边嘅餐台中唔中意呀？
（二楼靠窗边的餐桌喜欢吗？）

gu3hag3：hou2la1，ngo5déi4co5yi6leo2go2zêng1la1！
顾客：好啦，我哋坐二楼吟张啦！
（好吧，我们坐二楼那张吧！）

fug6mou4yun4：m4goi1gen1ngo5lei4la1！……ni1zêng1toi2dim2a3？
服务员：唔该跟我嚟啦！……呢张台点呀？
（请跟我来吧！……这张桌子怎么样？）

gu3hag3：géi2hou2，ngo5déi4zeo6co5ni1dou6la1.
顾客：几好，我哋就坐呢度啦。
（挺好，我们就坐这儿吧。）

fug6mou4yun4：m4goi1deng2zen2，ngo5hou2fai3zeo6guo3lei4.
服务员：唔该等阵，我好快就过嚟。
（请稍等，我很快就过来。）

会话4

gu3hag3：dim2gao2ga3，di1tong1lem4sai3ngo5sei1zong1dou6la3.
顾客：点搞㗎，啲汤淋晒我西装度喇。
（怎么搞的，这汤全洒到我西装上了。）

fug6 mou4 yun4： dêu3 m4 ju4，xin1 sang1！ngo5 jig1 hed1 tung4 néi5 lo2 tiu4 seo2 gen1 lei4.
服 务 员： 对唔住，先 生！我 即 刻 同 你 攞条 手 巾 嚟。

（对不起，先生！我马上替你拿一条毛巾来。）

gu3 hag3： néi5 dim2 gai2 gem3 m4 xiu2 sem1 ga3？
顾 客： 你 点 解 咁 唔 小 心 㗎？

（你干吗那么不小心的呢？）

fug6 mou4 yun4： zeng1 hei6 m4 hou2 yi3 xi1，yeo5 mou5 nad3 cen1 néi5 a3？
服 务 员： 真 系 唔 好 意思，有 冇 焫 亲 你 呀？

（实在对不起，有没有烫着你呢？）

gu3 hag3： mou5 xi6，bed1 guo3 ngo5 gé3 sei1 zong1 gem3 wu1 zou1，deng2 zen6-2 dim2 hoi1 wui2 a3？
顾 客： 冇 事，不 过 我 嘅 西 装 咁 污 糟，等 阵 点 开 会 呀？

（没事，不过我的西装这么脏，等一会儿怎样开会呢？）

fug6 mou4 yun4： ngo5 déi4 tung4 néi5 sei2 gon1 zéng4 kêu5 la1，hou2 m4 hou2 a3？
服 务 员： 我 哋 同 你 洗 干 净 佢 啦，好 唔 好 呀？

（我们为你把它洗干净吧，好吗？）

gu3 hag3： yiu3 géi2 noi4 a3？
顾 客： 要 几 耐 呀？

（要多久呢？）

fug^{6}mou^{4}yun^{4}： bun^{3}go^{3}zung^{1}teo^{6}zeo^{6}deg^{1}la^{3}.
服 务 员： 半 个 钟 头 就 得 喇。

（半个小时就行了。）

gu^{3} hag^{3}： gem^{2}hou^{2}la^{1}！
顾 客： 噉 好 啦！

（那好吧！）

fug^{6}mou^{4}yun^{4}： zeng^{1}hei^{6}m^{4}hou^{2}yi^{3}xi^{1}béi^{2}néi^{5}dai^{3}lei^{4}ma^{6}fan^{4}！
服 务 员： 真 系唔好意思畀你带嚟麻烦！

（真的很抱歉给你添麻烦了！）

gu^{3} hag^{3}： xun^{3}la^{3}！yi^{5}heo^{6}yiu^{3}xiu^{2}sem^{1}di^{1}la^{1}！
顾 客： 算 喇！以 后 要 小 心 啲啦！

（算了，以后要小心点儿吧。）

知识链接

怎样对待客人投诉

客人投诉是意味着客人的某些需求未能得以实现和满足而作出的一种批评行为，这对餐饮店而言并非一件坏事。恰恰相反，正是因为客人的投诉更能促进和改善自身的工作，所以餐饮店应该正确地对待和处理，绝不能抱有怨言和悔气，即使世界上最负盛名的餐饮店也会遇到客人的投诉。成功的餐饮店善于把投诉的消极面转化成积极面，把握投诉中所隐含的有利因素，变被动为主动，化消极为积极，不断改进，防止投诉的再度发生。

2 电话汇报顾客投诉

会话

fug^{6}mou^{4}yun^4： néi^{5}hou^2！cen^{4}ging^{1}léi^5. ngo^{5}hei^{6}zung^{1}can^{1}bou^{4}gé^3 fug^{6}mou^{4}yun^{4}léi^{5}ying^1.
服务员： 您好！陈经理。我系中餐部嘅服务员李英。

（您好！陈经理。我是中餐部的服务员李英。）

ging^{1}léi^5： néi^{5}hou^2！qing^{2}men^{6}yeo^{5}med^{1}yé^{5}men^{6}tei^{6}a^3？
经理： 您好！请问有乜嘢问题呀？

（您好！请问有什么问题吗？）

fug^{6}mou^{4}yun^4： lam^{4}tin^{1}fong^{2}gé^{3}hag^{3}yen^{4}yiu^{3}wun^{4}coi^{3}tung^{4}têu^{3}zeo^2.
服务员： 蓝天房嘅客人要换菜同退酒。

（蓝天房的客人要换菜和退酒。）

ging^{1}léi^5： yu^{4}guo^{2}yiu^{3}wun^{4}coi^{3}gé^{3}wa$^{6-2}$zeo^{6}tung^{4}kêu^{5}déi^4 wun^{4}la^1！
经理： 如果要换菜嘅话就同佢哋换啦！

（如果要换菜的话就给他们换吧！）

fug^{6}mou^{4}yun^4： gem^{2}go^{2}di^{1}zeo^{2}dim^{2}qu^{2}léi^{5}a^3？
服务员： 噉吖啲酒点处理呀？

（那么那些酒怎样处理呢？）

ging^{1}léi^5： zeo^{2}da^{2}hoi^{1}zo^{2}méi^{4}a^3？
经理： 酒打开咗未呀？

（酒打开了没有？）

fug^{6}mou^{4}yun^4： da^{2}hoi^{1}zo^{2}ga^{3}la^3！
服 务 员： 打开咗喍喇！

（已经打开了！）

ging^1 léi^5： kêu^{5}déi^{4}yeo^{5}di^{1}med^{1}yé^{5}yiu^{1}keo^{4}a^3？
经 理： 佢哋有啲乜嘢要求呀？

（他们有些什么要求呢？）

fug^{6}mou^{4}yun^4： kêu^{5}déi^{4}dou^{1}mou^{5}gong^2，gem^{2}dim^{2}xun^{3}a^3？
服 务 员： 佢哋都冇讲，噉点算呀？

（他们都没说，那怎么办？）

ging^1 léi^5： néi^{5}hêng^{3}kêu^{5}déi^{4}gai^{2}xig^{1}ha^{5}la^1！
经 理： 你向佢哋解释下啦！

（你向他们解释一下吧！）

fug^{6}mou^{4}yun^4： gai^{2}xig^{1}zo^{2}la^3，dan^{6}hei^{6}kêu^{5}déi^{4}wa^{6}yiu^{3}gin^{3}ging^{1}léi^5.
服 务 员： 解释咗喇，但系佢哋话要见经理。

（已解释过了，但是他们说要见经理。）

ging^1 léi^5： gem^{2}hou^{2}la^1，ngo^{5}jig^{1}hed^{1}zeo^{6}dou^3，zoi^{3}gin^3！
经 理： 噉好啦，我即刻就到，再见！

（那好吧，我马上就到，再见！）

fug^{6}mou^{4}yun^4： zoi^{3}gin^3！
服 务 员： 再见！

（再见！）

3 解决顾客投诉

会话

ging1 léi5：xin1 sang1，néi5 hou2！ngo5 hei6 ni1 gan1 can1 gun2 gé3
经　理：先生，您好！我系呢间餐馆嘅
cen4 ging1 léi5.
陈经理。

（先生，您好！我是这家餐馆的陈经理。）

gu3 hag3：néi5 hou2，cen4 ging1 léi5！ngo5 dêu3 néi5 déi4 gé3 fug6
顾　客：您好，陈经理！我对你哋嘅服
mou4 hou2 m4 zung1 yi3.
务好唔中意。

（您好，陈经理！我对你们的服务很不满意。）

ging1 léi5：néi5 ho2 m4 ho2 yi5 wa6 ngo5 ji1 fad3 sang1 med1 yé5 xi6 a3？
经　理：你可唔可以话我知发生乜嘢事呀？

（你可否告诉我发生了什么事？）

gu3 hag3：hei6 ngo5 gé3 tong4 cou3 pai4 gued1 tung4 mai4 dung1 gu1
顾　客：系我嘅糖醋排骨同埋冬菇
men1 gei1.
炆鸡。

（是我的糖醋排骨和冬菇炖鸡。）

ging1 léi5：qing2 men6 ni1 lêng5 méi4-2 sung3 dim2 a3？
经　理：请问呢两味馐点呀？

（请问这两道菜怎么了？）

gu3 hag3： tong4 cou3 pai4 gued1 xun1 deg1 zei6，di1 gei1 yeo6 m4 sen1 xin1.
顾　客：糖醋排骨酸得滞，啲鸡又唔新鲜。

（糖醋排骨太酸了，这鸡又不新鲜。）

ging1 léi5： néi5 go2 zen6 xi4 dim2 gai2 m4 hêng3 fug6 mou4 yun4 fan2 ying2 a3？
经　理：你吖阵时点解唔向服务员反映呀？

（你那时为什么不向服务员反映呢？）

gu3 hag3： ngo5 fan2 ying2 zo2 la3，dan6 hei6 fug6 mou4 yun4 m4 coi2 ngo5.
顾　客：我反映咗喇，但系服务员唔睬我。

（我反映了，但是服务员不理我。）

ging1 léi5： zeng1 hei6 dêu3 m4 ju4，ho2 neng4 hei6 fug6 mou4 yun4 téng1 m4 ming6 néi5 gé3 yud6 yu5.
经　理：真系对唔住，可能系服务员听唔明你嘅粤语。

（真是抱歉，可能是服务员听不明白你的粤语。）

gu3 hag3： zung2 ji1 ngo5 m4 léi5，ngo5 yiu3 king1 sou6 ni1 lêng5 go3 sung3.
顾　客：总之我唔理，我要倾数呢两个餸。

（总之我不管，我要取消这两个菜。）

ging1 léi5： hou2 gé3, ngo5 bou2 jing3 yi5 heo6 m4 wui5 fad3 sang1 ni1 zung2 xi6.
经 理： 好嘅，我保证以后唔会发生呢种事。

（好的，我保证以后不会发生这种事。）

gu3 hag3： zung6 yeo5, ngo5 dim2 gé3 pou4 tou4 zeo2 yeo5 di1 bin3 méi4.
顾 客： 重有，我点嘅葡萄酒有啲变味。

（还有，我点的葡萄酒有点变味。）

ging1 léi5： néi5 hen2 m4 hen2 ding6 a3?
经 理： 你肯唔肯定呀？

（你确定吗？）

gu3 hag3： gem2 m4 goi1 ging1 léi5 néi5 lei4 xi3 ha5 la1!
顾 客： 噉唔该经理你嚟试下啦！

（那劳驾经理你来尝一尝吧！）

ging1 léi5： ni1 zung2 pou4 tou4 zeo2 gé3 méi4 dou6 hei6 gem2 gé3, fong3 sem1 la1.
经 理： 呢种葡萄酒嘅味道系噉嘅，放心啦。

（这种葡萄酒的味道是这样子的，放心吧。）

gu3 hag3： gem2 zeo6 xun3 sou3 la1!
顾 客： 噉就算数啦！

（那就算了吧！）

ging1 léi5： zeng1 hei6 m4 hou2 yi3 xi1 gao2 dou3 néi5 déi4 m4 hoi1 sem1!
经 理： 真系唔好意思搞到你哋唔开心！

（真的对不起令你们不愉快！）

gu3 hag3：m4 gen2 yiu3 la1！
顾 客：唔紧要啦！
（不要紧了！）

ging1 léi5：ni1 can1 fan4 ngo5 tung4 néi5 déi4 da2 bad3 jid3 la1.
经 理：呢餐饭我同你哋打八折啦。
（这顿饭我给你们打个八折吧。）

gu3 hag3：zeng1 hei6 m4 goi1 sai3！
顾 客：真系唔该晒！
（真的非常感谢！）

ging1 léi5：m4 sei2 hag3 héi3，zug1 néi5 déi4 xig6 deg1 hoi1 sem1！
经 理：唔使客气，祝你哋食得开心！
（不用客气，祝你们用餐愉快！）

知识链接

苦瓜别名的来源

苦瓜以其味苦而得名。苦瓜性凉，具有清热解毒、解劳乏和润脾壮阳等功效，所以又称为凉瓜。广东朋友常称苦瓜为凉瓜，这是因为苦瓜中的“苦”字不好听，又不吉利，出于忌讳而说成凉瓜。苦瓜形似瘤状突起，故又称为癞瓜、癞葡萄、癞蛤蟆。苦瓜的瓜面有皱纹，似荔枝，遂又称苦瓜为锦荔枝或金荔枝。苦瓜在生长过程中随着生理成熟度的增加，表肉转为绿白发亮，渐变至黄红色，故又叫“红姑娘”。苦瓜还有一个来自清初时的美称，叫“君子瓜”和“君子菜”，原因是苦瓜自身虽苦，但当它与别的菜放在一起烹调时不会影响到别的菜自身的味道，即“只苦自己，不苦别人”，这种崇高的精神正如古代君子一般，故此而得名。

语法详解

1 鸡翼——（鸡翅膀）“翼”在广州话中通常用来表示动物或其他物品的翅膀。例如：鸭翼（鸭翅膀）、鹅翼（鹅翅膀）等等。

2 倾数——（取消）“倾数”也可说成“取消 $\mathrm{c\hat{e}u^{2}xiu^{1}}$”。“倾数”是英语“cancel 取消”的音译。

3 焫亲——（烫着）“焫”也写作“爇”，相当于普通话中的“灼、烫、烙”。例如：啲汤好焫（这汤很烫），焫鸡（电烙铁）等等。“亲”在这里作助词，用在动词的后面，表示受动或经受的某种痛苦。例如：冻亲（着凉），扭 $\mathrm{neo^{2}}$ 亲只手（把手扭了）等等。另外，“亲”还表示前面动作一旦发生就会引起后面的某种动作反应，这时通常在前面动作后加上“亲”，相当于普通话中“一……就……”的意思。例如：佢食亲虾就会过敏 $\mathrm{guo^{3}\ men^{5}}$。（她一吃虾就会过敏。）

4 如果要换菜嘅话——（如果要换菜的话）“如果……嘅话”相当于普通话中“如果……的话”或“既然……的话”。

5 话我知——（告诉我）广州话中“话……知”的句子结构，相当于普通话中“知诉……”。例如：话佢知（告诉他）、话经理知（告诉经理）等等。

6 吖阵时——（那时，那时候）。“吖阵时”也可说成“吖阵”或“吖时”。

7 搞到——（令，弄得）“到”是一个助词，用在动词或形容词后面，表示程度很深，相当于普通话中动词或形容词后面的

"得"。例如：食到肚痛（吃得肚子发痛）、辣到死（辣得要命）。

8 唔紧要——（不要紧）"紧要"相当于普通话中的"要紧"。广州话中有许多与普通话中字的次序颠倒而意义相同的词。例如：宵夜（夜宵）、鸡公（公鸡）、人客（客人）等等。

9 呢餐饭——（这顿饭）"餐"在这里作为量词，相当于普通话中的"顿"。例如：一日三餐（一天三顿）、闹nao^{6}佢餐（骂他一顿）等等。

第六单元 结 账

经典高频句型

1 m4 goi1 mai4 dan1 la1!
唔该埋单啦!
(请结账吧!)

2 qing2 men6 néi5 déi4 bin1 go3 lei4 mai4 dan1 a3?
请问你哋边个嚟埋单呀?
(请问你们谁来结账呢?)

3 qing2 men6 ho2 m4 ho2 yi5 da2 jid3 a3?
请问可唔可以打折呀?
(请问可以打折吗?)

4 qing2 men6 néi5 sêng2 hoi1 seo1 gêu3 ding6 hei6 hoi1 fad3 piu3 a3?
请问你想开收据定系开发票呀?
(请问你想开收据还是开发票?)

5 qing2 men6 ho2 m4 ho2 yi5 lug1 ka1 a3?
请问可唔可以埗卡呀?
(请问可以刷卡吗?)

6 xin1 sang1, m4 goi1 néi5 qim1 go3 méng2 la1!
先生,唔该你签个名啦!
(先生,请你签个名吧!)

7 m⁴goi¹néi⁵déi⁴zeo¹dou³gé³fug⁶mou⁴.
唔该你哋周到嘅服务。
(谢谢你们周到的服务。)

8 do¹zé⁶néi⁵déi⁴bou²guei³gé³yi³gin³.
多谢你哋宝贵嘅意见。
(谢谢你们宝贵的意见。)

9 ni¹dou⁶hei⁶zêng³dan¹,néi⁵tei²ha⁵la¹!
呢度系账单,你睇下啦!
(这儿是账单,你过目吧!)

10 ngo⁵déi⁴m⁴ho²yi⁵seo¹xiu²fei³gé³.
我哋唔可以收小费嘅。
(我们不可以收小费的。)

11 zeng¹hei⁶dêu³m⁴ju⁴,hei⁶ngo⁵gao²co³zo²la³.
真系对唔住,系我搞错咗喇。
(真的对不起,是我弄错了。)

实战场景会话

会话1

gu³ hag³: fug⁶mou⁴yun⁴,m⁴goi¹mai⁴dan¹la¹!
顾 客: 服务员,唔该埋单啦!
(服务员,请结账吧!)

fug6 mou4 yun4：hou2 gé3，qing2 men6 néi5 déi4 bin1 go3 lei4 mai4 dan1 a3？
服 务 员：好嘅，请问你哋边个嚟埋单呀？
（好的，请问你们谁来结账呢？）

gu3 hag3：ngo5 lei4 mai4 dan1，m4 goi1 lo2 zêng3 dan1 lei4 tei2 ha5 la1！
顾 客：我嚟埋单，唔该攞账单嚟睇下啦！
（我来结账，请拿账单来看看吧！）

fug6 mou4 yun4：hou2 gé3，hei2 ni1 dou6，yed1 gung4 hei6 séi3 bag3 lug6 seb6 men1.
服 务 员：好嘅，喺呢度，一共系四百六十蚊。
（好的，在这里，一共是四百六十块。）

gu3 hag3：qing2 men6 ni1 lug6 seb6 men1 hei6 med1 yé5 fei3 yung4 a3？
顾 客：请问呢六十蚊系乜嘢费用呀？
（请问这六十元是什么费用？）

fug6 mou4 yun4：hei6 sam1 bui1 ga3 fé1 gé3 fei3 yung4.
服 务 员：系三杯咖啡嘅费用。
（是三杯咖啡的费用。）

gu3 hag3：qing2 men6 ho2 m4 ho2 yi5 da2 jid3 a3？
顾 客：请问可唔可以打折呀？
（请问可以打折吗？）

fug6 mou4 yun4：qing2 men6 néi5 sêng2 hoi1 seo1 gêu3 ding6 hei6 hoi1 fad3 piu3 a3？
服 务 员：请问你想开收据定系开发票呀？
（请问你想开收据还是开发票？）

gu^{3} hag^{3}：hoi^{1} seo^{1} gêu^{3} zeo^{6} deg^{1} la^{3}.
顾 客：开收据就得喇。
(开收据就行了。)

fug^{6} mou^{4} yun^{4}：hoi^{1} seo^{1} gêu^{3} gé^{3} wa$^{6-2}$ ho^{2} yi^{5} tung^{4} néi^{5} da^{2} geo^{2} jid^{3}.
服 务 员：开收据嘅话可以同你打九折。
(开收据的话可以给你打九折。)

gu^{3} hag^{3}：qing^{2} men^{6} ho^{2} m^{4} ho^{2} yi^{5} lug^{1} ka^{1} a^{3}?
顾 客：请问可唔可以碌卡呀?
(请问可以刷卡吗?)

fug^{6} mou^{4} yun^{4}：qing^{2} men^{6} xin^{1} sang^{1} hei^{6} med^{1} yé^{5} sên^{3} yung^{4} ka^{1} a^{3}?
服 务 员：请问先生系乜嘢信用卡呀?
(请问先生是什么信用卡?)

gu^{3} hag^{3}：hei^{6} ngen^{4} lin^{4} ka^{1}.
顾 客：系银联卡。
(是银联卡。)

fug^{6} mou^{4} yun^{4}：ho^{2} yi^{5} gé^{3}.
服 务 员：可以嘅。
(可以的。)

gu^{3} hag^{3}：ni^{1} dou^{6} hei^{6} ngo^{5} gé^{3} sên^{3} yung^{4} ka^{1}.
顾 客：呢度系我嘅信用卡。
(这儿是我的信用卡。)

fug^{6} mou^{4} yun^{4}：hou^{2} gé^{3}, m^{4} goi^{1} deng^{2} zen$^{6-2}$!……xin^{1} sang^{1}, m^{4} goi^{1} néi^{5} qim^{1} go^{3} méng^{2} la^{1}.
服 务 员：好嘅,唔该等阵!……先生,唔该你签个名啦!
(好的，请稍等！……先生，请你签个名吧!)

gu3 hag3：hou2 gé3.
顾 客：好 嘅。

（好的。）

fug6 mou4 yun4：xin1 sang1，ni1 dou6 hei6 néi5 gé3 seo1 gêu3 tung4 sên3 yung4 ka1.
服 务 员：先 生，呢 度 系 你 嘅 收 据 同 信 用 卡。

（先生，这儿是你的收据和信用卡。）

会话2

gu3 hag3：ngo5 yiu3 mai4 dan1 la3，qing2 men6 hei2 bin1 dou6 béi2 qin2 a3？
顾 客：我 要 埋 单 喇，请 问 喺 边 度 畀 钱 呀？

（我要结账了，请问在哪儿付钱？）

fug6 mou4 yun4：m4 goi1 néi5 hei2 ni1 dou6 béi2 qin2 zeo6 deg1 la3.
服 务 员：唔 该 你 喺 呢 度 畀 钱 就 得 喇。

（请你在这儿付钱就行了。）

gu3 hag3：qing2 men6 yed1 gung4 géi2 do1 qin2 a3？
顾 客：请 问 一 共 几 多 钱 呀？

（请问一共多少钱？）

fug6 mou4 yun4：yed1 gung4 hei6 bad3 bag3 yi6 seb6 men1. ni1 dou6 hei6 zêng3 dan1，néi5 tei2 ha5 la1.
服 务 员：一 共 系 八 百 二 十 蚊。呢 度 系 账 单，你 睇 下 啦。

（一共是八百二十块。这儿是账单，你过过目吧。）

gu^{3} hag^{3}：qing^{2} men^{6} béi^{2} gong^{2} ji^{2} deg^{1} m^{4} deg^{1} a^{3}？
顾　客：请问畀港纸得唔得呀？

（请问付港币行吗？）

fug^{6} mou^{4} yun^{4}：ho^{2} yi^{5} gé^{3}，bed^{1} guo^{3} yiu^{3} zêng^{1} gong^{2} ji^{2} dêu^{3} wun^{4} séng^{6} yen^{4} men^{4} bei^{6}.
服务员：可以嘅，不过要将港纸兑换成人民币。

（可以的，不过要把港币兑换成人民币。）

gu^{3} hag^{3}：hou^{2} gé^{3}，gem^{2} ngo^{5} yiu^{3} béi^{2} géi^{2} do^{1} qin^{2} gong^{2} ji^{2} a^{3}？
顾　客：好嘅，噉我要畀几多钱港纸呀？

（好的，那我要给多少港币呢？）

fug^{6} mou^{4} yun^{4}：m^{4} goi^{1} béi^{2} geo^{2} bag^{3} lug^{6} seb^{6} men^{1} gong^{2} ji^{2} zeo^{6} deg^{1} la^{3}.
服务员：唔该畀九百六十蚊港纸就得喇。

（请付九百六十元港币就行了。）

gu^{3} hag^{3}：ni^{1} dou^{6} hei^{6} yed^{1} qin^{1} men^{1} gong^{2} ji^{2}.
顾　客：呢度系一千蚊港纸。

（这里是一千元港币。）

fug^{6} mou^{4} yun^{4}：zug^{6} fan^{1} néi^{5} sam^{1} seb^{6} men^{1} yen^{4} men^{4} bei^{6} tung^{4} fad^{3} piu^{3}.
服务员：赎番你三十蚊人民币同发票。

（找回你三十元人民币和发票。）

gu^{3} hag^{3}：m^{4} sei^{2} zug^{6} la^{3}，ni^{1} go^{3} hei^{6} béi^{2} néi^{5} gé^{3} xiu^{2} fei^{3}.
顾　客：唔使赎喇，呢个系畀你嘅小费。

（不用找了，这是给你的小费。）

fug^{6}mou^{4}yun^{4}：xin^{1}sang^{1}，do^{1}zé^{6}sai^{3}！ngo^{5}déi^{4}hei^{6}m^{4}seo^{1}xiu^{2}fei^{3}gé^{3}.
服 务 员：先 生，多谢晒！我 哋 系唔收 小 费嘅。
（先生，非常感谢！我们是不收小费的。）

gu^{3} hag^{3}：gem^{2}hou^{2}la^{1}！
顾 客：噉 好 啦！
（那好吧！）

fug^{6}mou^{4}yun^{4}：qing^{2}men^{6}néi^{5}xig^{6}deg^{1}hoi^{1}m^{4}hoi^{1}sem^{1}a^{3}？
服 务 员：请 问 你 食 得 开 唔 开 心 呀？
（请问你吃得愉快吗？）

gu^{3} hag^{3}：hou^{2}hoi^{1}sem^{1}，m^{4}goi^{1}néi^{5}déi^{4}zeo^{1}dou^{3}gé^{3}fug^{6}mou^{4}！
顾 客：好 开 心，唔 该 你 哋 周 到 嘅 服 务！
（很愉快，谢谢你们周到的服务！）

fug^{6}mou^{4}yun^{4}：do^{1}zé^{6}néi^{5}bou^{2}guei^{3}gé^{3}yi^{3}gin^{3}！fun^{1}ying^{6}ha^{6}qi^{3}zoi^{3}lei^{4}！
服 务 员：多谢 你 宝 贵 嘅意见！欢 迎 下 次 再 嚟！
（谢谢你宝贵的意见！欢迎下次再来！）

gu^{3} hag^{3}：hou^{2}gé^{3}，yed^{1}ding^{6}！
顾 客：好 嘅，一 定！
（好的，一定！）

会话3

fug^{6}mou^{4}yun^{4}：xiu^{2}zé^{2}，hei^{6}m^{4}hei^{6}yiu^{3}mai^{4}dan^{1}a^{3}？
服 务 员：小 姐，系 唔 系 要 埋 单 呀？
（小姐，是不是要结账呢？）

gu³　hag³：hei⁶ a³，qing² men⁶ yed¹ gung⁴ géi² do¹ qin² a³？
顾　客：系呀，请问一共几多钱呀？

（是的，请问一共是多少钱？）

fug⁶ mou⁴ yun⁴：yed¹ gung⁴ hei⁶ sam¹ bag³ men¹，ni¹ dou⁶ hei⁶ néi⁵ gé³ zêng³ dan¹.
服务员：一共系三百蚊，呢度系你嘅账单。

（一共是三百元，这里是你的账单。）

gu³　hag³：ngo⁵ dim² gé³ zeo² hei⁶ géi² do¹ qin² a³？
顾　客：我点嘅酒系几多钱呀？

（我点的酒是多少钱？）

fug⁶ mou⁴ yun⁴：hei⁶ bad³ seb⁶ men¹.
服务员：系八十蚊。

（是八十元。）

gu³　hag³：ni¹ go³ hei⁶ med¹ yé⁵ sung³ a³？
顾　客：呢个系乜嘢餸呀？

（这个是什么菜？）

fug⁶ mou⁴ yun⁴：hei⁶ dai⁶ zab⁶ hai⁵.
服务员：系大闸蟹。

（是大闸蟹。）

gu³　hag³：ngo⁵ yeo⁵ dim² dou³ dai⁶ zab⁶ hai⁵ mé¹？
顾　客：我有点到大闸蟹咩？

（我有点大闸蟹吗？）

fug^{6}mou^{4}yun^{4}：xiu^{2}zé^{2}，zeng^{1}hei^{6}dêu^{3}m^{4}ju^{4}，hei^{6}ngo^{5}gao^{2}co^{3}zo^{2}la^{3}.
服务员：小姐，真系对唔住，系我搞错咗喇。
（小姐，真的对不起，是我弄错了。）

gu^{3}hag^{3}：mei^{2}gao^{2}dou^{3}lün$^{4-2}$sai^{3}dai^{6}lung^{4}la^{3}，ngo^{5}yiu^{3}gin^{3}ging^{1}léi^{5}.
顾客：咪搞到乱晒大龙喇，我要见经理。
（别弄得乱糟糟的了，我要见经理。）

fug^{6}mou^{4}yun^{4}：zeng^{1}hei^{6}m^{4}hou^{2}yi^{3}xi^{1}，ngo^{5}jig^{1}hed^{1}hêu^{3}gan^{1}jing^{3}.
服务员：真系唔好意思，我即刻去更正。
（真的对不起，我马上去更正。）

gu^{3}hag^{3}：gem^{2}yed^{1}gung^{4}hei^{6}géi^{2}do^{1}qin^{2}a^{3}?
顾客：噉一共系几多钱呀？
（那一共是多少钱？）

fug^{6}mou^{4}yun^{4}：hei^{6}lêng^{5}bag^{3}yi^{6}men^{1}.
服务员：系两百二蚊。
（是两百二十元。）

gu^{3}hag^{3}：m^{4}yiu^{3}fad^{3}piu^{3}gé^{3}wa$^{6-2}$seo^{1}lêng^{5}bag^{3}men^{1}deg^{1}la^{3}gua^{3}?
顾客：唔要发票嘅话收两百蚊得喇啩？
（不要发票的话收两百元行了吧？）

fug^{6}mou^{4}yun^{4}：hou^{2}gé^{3}，mou^{5}men^{6}tei^{6}！
服务员：好嘅，冇问题！
（好的，没问题！）

知识链接

如何办理客人现金结账

客人用餐结束要求结账时，服务员应用账单簿夹着账单走到客人的右手边，然后打开账单，礼貌地用小拇指指明客人账单的款项。客人付账之后，服务员要当面点清款项是否正确，然后送回收银处，并将账单第一联及找回的零钱夹在账单簿中送回给客人。最后，真诚地感谢客人，但自始至终不要让其他客人看到账单。

语法详解

1 埋单——（结账，算账）“埋”也写作“卖”，在这里作动词，相当于普通话中的“结算”。此外，“埋”还相当于普通话“进，靠”的意思。例如：埋站（进站）、埋头（靠岸）。“埋”若放于动词的后面，是一个助词，前面已讲过。

2 碌卡——（刷卡）“碌”是一个动词，相当于普通话中的“刷，涮”。例如：碌啲面食下。（涮点儿面条食食。）“卡”也可说成“咭 ked^{1}”，“咭”是英语“card 卡片”的音译。

3 港纸——（港币）“港纸”是货币名称，通用于香港地区，大陆地区也有使用。“港纸”也可说成“港币”。

4 赎番三十蚊——（找回三十块）“赎”也写作“续”，相当于普通话中“找”的意思，其反义词是“畀”。

5 小费——（小费）“小费”也可以说成“贴士 $tib^{3-1}xi^{4-2}$”。“贴士”是英语“tips 小费”的音译。“贴士”除了有普通话中“小费”的意思，还有“提示”的意思。例如：可唔可以畀啲贴士呀？（可以给点提示吗？）

6 **乱晒大龙——（乱糟糟的样子）**这是广州话中的一个俚语，相当于普通话中的“乱七八糟，一团糟”。

7 **得喇啩——（行了吧）**“喇啩”在这里是一个语气词，表示一种询问、请求、恳请对方的语气。

第七单元 征求顾客意见与送客

经典高频句型

1 néi5 gog3 deg1 yin3 wui4 dim2 yêng2 a3 ?

你 觉 得 宴 会 点 样 呀?

(你觉得宴会怎么样?)

2 m4 goi1 néi5 déi4 yid6 qing4 gé3 jiu1 doi4 !

唔 该 你 哋 热 情 嘅 招 待!

(谢谢你们热情的招待!)

3 ngo5 déi4 wui5 goi2 zên3 gé3 .

我 哋 会 改 进 嘅。

(我们会改进的。)

4 zug1 néi5 déi4 wan2 deg1 hoi1 sem1 !

祝 你 哋 玩 得 开 心!

(祝你们玩得愉快!)

5 néi5 gog3 deg1 ni1 can1 fan4 dim2 a3 ?

你 觉 得 呢 餐 饭 点 呀?

(你觉得这顿饭怎样?)

6 qing2 men6 bin1 di1 sung3 jing2 deg1 m4 hou2 méi4 a3 ?

请 问 边 啲 餸 整 得 唔 好 味 呀?

(请问哪些菜做得味道不好呢?)

7 néi⁵ déi⁴ gé³ fug⁶ mou⁴ tai³ dou⁶ hou² ca¹.
你 哋 嘅 服 务 态 度 好 差。
（你们的服务态度很差。）

8 zeng¹ hei⁶ m⁴ hou² yi³ xi¹, yeo⁵ med¹ yé⁵ men⁶ tei⁶ a³?
真 系 唔 好 意思，有 乜 嘢 问 题呀？
（实在对不起，有什么问题吗？）

9 héi¹ mong⁴ wui⁵ hei⁶ gem² la¹!
希 望 会 系 噉 啦！
（希望会是这样吧！）

10 fun¹ ying⁶ néi⁵ ha⁶ qi³ zoi³ lei⁴ guong¹ lem⁴!
欢 迎 你 下 次 再 嚟 光 临！
（欢迎你下次再来光临！）

实战场景会话

会话1

fug⁶ mou⁴ yun⁴： wong⁶ xin¹ sang¹, néi⁵ gog³ deg¹ yin³ wui⁴ dim² yêng² a³?
服 务 员： 黄 先 生，你 觉 得 宴 会 点 样 呀？
（黄先生，你觉得宴会怎么样？）

gu³ hag³： géi² hou², m⁴ goi¹ néi⁵ déi⁴ yid⁶ qing⁴ gé³ jiu¹ doi⁴!
顾 客： 几 好，唔 该 你 哋 热 情 嘅 招 待！
（挺好，谢谢你们热情的招待！）

fug6 mou4 yun4：ying1 goi1 gé3. qing2 men6 zung6 yeo5 bin1 di1 yiu3 goi2 zên3 ga3?
服务员：应该嘅。请问重有边啲要改进㗎？

（应该的。请问还有哪些要改进的呢？）

gu3 hag3：dou1 géi2 hou2, zeo6 hei6 héi2 coi3 man6 zo2 xiu2 xiu2.
顾客：都几好，就系起菜慢咗少少。

（都很好，只是上菜慢了点儿。）

fug6 mou4 yun4：wong6 sang1, zeng1 hei6 m4 goi1 sai3 néi5 bou2 guei3 gé3 yi3 gin3, ngo5 déi4 wui5 goi2 zên3 gé3, fun1 ying6 ha6 qi3 zoi3 lei4 guong1 lem4!
服务员：黄生，真系唔该晒你宝贵嘅意见，我哋会改进嘅，欢迎下次再嚟光临！

（黄先生，真的非常感谢你宝贵的意见，我们会改进的，欢迎下次再来光临！）

gu3 hag3：ngo5 déi4 wui5 zoi3 lei4 gé3, zoi3 gin3!
顾客：我哋会再嚟嘅，再见！

（我们会再来的，再见！）

fug6 mou4 yun4：zoi3 gin3, zug1 néi5 déi4 wan2 deg1 hoi1 sem1!
服务员：再见，祝你哋玩得开心！

（再见，祝你们玩得愉快！）

会话2

fug6 mou4 yun4：xiu2 zé2, néi5 hou2! néi5 gog3 deg1 ni1 can1 fan4 dim2 a3?
服务员：小姐，您好！你觉得呢餐饭点呀？

（小姐，您好！你觉得这顿饭怎样？）

gu3 hag3: m4 deg1, xig6 deg1 hou2 m4 hoi1 sem1!
顾 客：唔得，食得好唔开心！

（不行，吃得很不愉快！）

fug6 mou4 yun4: zeng1 hei6 m4 hou2 yi3 xi1, yeo5 di1 med1 yé5 men6 tei6 a3?
服务员：真系唔好意思，有啲乜嘢问题呀？

（实在很抱歉，有些什么问题呢？）

gu3 hag3: di1 sung3 m4 ngam1 heo2 méi4, can1 téng1 yeb6 bin6 yeo6 yid6 yeo6 gug6.
顾 客：啲餸唔啱口味，餐厅入便又热又焗。

（这些菜不合口味，餐厅里面又热又闷。）

fug6 mou4 yun4: qing2 men6 bin1 di1 sung3 jing2 deg1 m4 hou2 méi4 a3?
服务员：请问边啲餸整得唔好味呀？

（请问哪些菜做得味道不好呢？）

gu3 hag3: di1 tong1 tam5 meo6 meo6, di1 yu2 jing1 deg1 m4 geo3 sug6.
顾 客：啲汤淡茂茂，啲鱼蒸得唔够熟。

（这汤淡淡的，这鱼蒸得没熟透。）

fug6 mou4 yun4: ngo5 déi4 zeng1 hei6 mong4 guo3 teo6, ngo5 déi4 yed1 ding6 wui5 goi2 zên3 gé3.
服务员：我哋真系忙过头，我哋一定会改进嘅。

（我们确实太忙了，我们一定会改进的。）

gu3 hag3: zung6 yeo5, néi5 déi4 gé3 fug6 mou4 tai3 dou6 hou2 ca1.
顾 客：重有，你哋嘅服务态度好差。

（还有，你们的服务态度很差。）

fug⁶mou⁴yun⁴： zeng¹ hei⁶ dêu³ m⁴ ju⁴，néi⁵ ha⁶ qi³ lei⁴ go² zen² yed¹
服 务 员： 真 系 对 唔 住，你 下 次 嚟 吖 阵 一
ding⁶ wui⁵ mun⁵ yi³ gé³！
定 会 满 意 嘅！

（真的对不起，你下次来的时候一定会满意的！）

gu³ hag³： héi¹ mong⁴ wui⁵ hei⁶ gem² la¹！
顾 客： 希 望 会 系 噉 啦！

（希望会是这样吧！）

fug⁶mou⁴yun⁴： fun¹ ying⁶ néi⁵ ha⁶ qi³ zoi³ lei⁴ guong¹ lem⁴！zoi³ gin³！
服 务 员： 欢 迎 你 下 次 再 嚟 光 临！再 见！

（欢迎你下次再来光临！再见！）

gu³ hag³： zoi³ gin³！
顾 客： 再 见！

（再见！）

知识链接

怎样征询客人意见和送客

客人用餐完毕准备离店时，服务员在不打扰客人的情况下，应主动征求客人对服务及出品的意见，如客人满意，应及时表示感谢并对客人提出的意见和建议认真记录，并表示将会充分考虑他的意见。

客人离开时，服务员应为其拉开座椅，递上衣帽及服饰并对客人的光顾表示感谢，同时礼貌地对客人说"欢迎再次光临！"。随后检查是否有客人遗落 的物品，如有发现应及时送还；如客人已离开，则应送餐饮部办公室。

语法详解

1 就系——（只是）“就系”还相当于普通话中的“就是，只有”。普通话的“只有”在广州话中也说成“就得”。例如：就得烧鹅啱我口味。（只有烤鹅合我的口味。）

2 入便——（里面）“入便”也可说成“入边”，它是一个方位词，它的相反词为“外便”或“出便”。广州话的方位词如下：上便（上面）、下便（下面）、左 zo² 边（左边）、右 yeo⁶ 边（右边）、中间（中间）、对面（对面）、旁 pong⁴ 边（旁边）、前便（前面）、后便（后面）等等。

3 又热又焗——（又热又闷）“焗”在这里指天气的闷热或空气的混浊。“焗”还作动词，其相当于普通话烹调方法中的“焖”。例如：焗鸡（焖鸡）。

4 淡茂茂——（淡淡的）“茂茂”是形容词的助语词。在广州话中，形容词的助语词非常丰富。例如：甜爷爷 yé⁶（甜丝丝的）、香喷喷 pen³（香得不得了）、臭郁郁 ceo³wed¹（臭得不得了）、黑孖孖（黑乎乎的）、白雪雪 xud³⁻¹（雪白雪白的）、青 BB（发青）、黄擒擒 kem⁴（黄得扎眼）、肥腾腾 féi⁴ teng⁶（很胖的样子）、瘦蜢蜢 seo³ mang²（很消瘦的样子）、红卟卟（红得发亮）等等。

第八单元 为顾客提供的其他服务

经典高频句型

1

qing^2 men^6 néi^5 yi^6 ga^1 hei^2 bin^1 xu^3 a^3 ?

请问你而家喺边处呀?

(请问你现在在哪里?)

2

néi^5 sên^4 ju^4 zeo^2 long^4 yed^1 jig^6 hang^4 , hang^4 dou^3 dug^1 zeo^6 hei^6 la^3 .

你顺住走廊一直行，行到笃就系喇。

(你沿着走廊一直走，走到尽头就是了。)

3

qing^2 men^6 néi^5 déi^4 can^1 téng^1 gé^3 ying^6 yib^6 xi^4 gan^3 hei^6 dim^2 ga^3 ?

请问你哋餐厅嘅营业时间系点㗎?

(请问你们餐厅的营业时间是怎么样的?)

4

néi^5 hei^6 co^5 hei^2 bin^1 zêng^1 can^1 toi^2 ga^3 ?

你系坐喺边张餐台㗎?

(你是坐在哪张餐桌的呢?)

5

m^4 goi^1 xin^1 sang^1 néi^5 sé^2 zêng^1 seo^1 gêu^3 la^1 !

唔该先生你写张收据啦!

(麻烦先生你写一张收据吧!)

6

qing^2 men^6 géi^2 wei^2 sêng^2 co^5 can^1 toi^2 zung^6 hei^6 kao^3 ju^4 ba^1 toi^2 co^5 a^3 ?

请问几位想坐餐台重系靠住吧台坐呀?

(请问几位想坐餐桌还是靠着吧台坐呢?)

7 gem2 zeo6 keo4 kéi4 la1!
噉 就 求 其 啦!
(那就随便吧!)

---

8 qing2 men6 di1 guo2 zeb1 sei2 m4 sei2 ga1 bing1 a3?
请 问 啲 果 汁 使 唔 使 加 冰 呀?
(请问这些果汁要不要加冰块呢?)

---

9 qing2 men6 néi5 déi4 zung1 yi3 co5 bin1 dou6 a3?
请 问 你 哋 中 意 坐 边 度 呀?
(请问你们喜欢坐哪儿?)

---

10 qing2 men6 néi5 déi4 yiu3 qing1 ga3 fé1 ding6 hei6 ga1 nai5 ga3 fé1 a3?
请 问 你 哋 要 清 咖 啡 定 系 加 奶 咖 啡 呀?
(请问你们要清咖啡还是加奶咖啡?)

实战场景会话

1 为顾客指引场所

会话1

fug6 mou4 yun4: néi5 hou2! ni1 dou6 hei6 nam4 yêng4 coi3 gun2!
服 务 员: 您 好!呢 度 系 南 洋 菜 馆!
(您好!这里是南洋菜馆!)

gu3 hag3: néi5 hou2! qing2 men6 ngo5 dim2 hêu3 néi5 déi4 coi3 gun2 a3?
顾 客: 您 好!请 问 我 点 去 你 哋 菜 馆 呀?
(您好!请问我怎样到你们菜馆去呢?)

fug^{6}mou^{4}yun^{4}： xiu^{2}zé^{2}，qing^{2}men^{6}néi^{5}yi^{6}ga^{1}hei^{2}bin^{1}xu^{3}a^{3}？
服 务 员： 小姐，请 问 你而家 喺 边 处呀？

（小姐，请问你现在在哪里？）

gu^{3} hag^{3}： ngo^{5}hei^{2}heo^{2}ngon^{4}hag^{3}wen^{4}zam^{4}.
顾 客： 我 喺 口 岸 客 运 站。

（我在口岸客运站。）

fug^{6}mou^{4}yun^{4}： néi^{5}da^{2}dig^{1}yig^{1}wag^{6}dab^{3}ba^{1}xi$^{4-2}$lei^{4}dou^{1}deg^{1}.
服 务 员： 你 打 的 抑 或 搭 巴 士 嚟 都 得。

（你坐出租车或者坐公共汽车来都行。）

gu^{3} hag^{3}： qing^{2}men^{6}da^{2}dig^{1}yiu^{3}géi^{2}noi^{4}a^{3}？
顾 客： 请 问 打 的 要 几 耐 呀？

（请问坐出租车要多久？）

fug^{6}mou^{4}yun^{4}： ya^{6}fen^{1}zung^{1}dou^{2}la^{1}！
服 务 员： 廿 分 钟 倒 啦！

（二十分钟左右吧！）

gu^{3} hag^{3}： gem^{2}dab^{3}ba^{1}xi$^{4-2}$gé^{3}wa$^{6-2}$dim^{2}dab^{3}a^{3}？
顾 客： 噉 搭 巴 士 嘅 话 点 搭 呀？

（那坐公共汽车的话怎么样坐呢？）

fug^{6}mou^{4}yun^{4}： néi^{5}hei^{2}go^{2}dou^{6}dab^{3}yi^{6}lou^{6}cé^{1}zeo^{6}deg^{1}la^{3}.
服 务 员： 你 喺 吖 度 搭 2 路 车 就 得 喇。

（你在那儿坐2路车就行了。）

gu^{3} hag^{3}： qing^{2}men^{6}hei^{2}bin^{1}go^{3}zam^{4}log^{6}cé^{1}a^{3}？
顾 客： 请 问 喺 边 个 站 落 车 呀？

（请问在哪个站下车呢？）

fug^{6}mou^{4}yun^{4}：néi^{5}hei^{2}yud^{6}hoi^{2}dung^{1}ba^{1}xi$^{4-2}$zam^{4}log^{6}cé^{1}zeo^{6}ho^{2}
服务员：你嗓粤海东巴士站落车就可
yi^{5}tei^{2}dou^{2}la^{3}.
以睇倒喇。

（你在粤海东公共汽车站下车就可以看到了。）

gu^{3}hag^{3}：zeng^{1}hei^{6}m^{4}goi^{1}sai^{3}！
顾客：真系唔该晒！

（真的非常感谢！）

fug^{6}mou^{4}yun^{4}：m^{4}sei^{2}hag^{3}héi^{3}！ngo^{5}déi^{4}gung^{1}heo^{6}néi^{5}gé^{3}guong^{1}
服务员：唔使客气！我哋恭候你嘅光
lem^{4}！
临！

（不用客气！我们恭候你的光临！）

会话2

gu^{3}hag^{3}：qing^{2}men^{6}ga^{3}fé^{1}téng^{1}hei^{2}géi^{2}leo$^{4-2}$a^{3}？
顾客：请问咖啡厅嗓几楼呀？

（请问咖啡厅在几楼？）

fug^{6}mou^{4}yun^{4}：hei^{2}sam^{1}leo$^{4-2}$.
服务员：嗓三楼。

（在三楼。）

gu^{3}hag^{3}：qing^{2}men^{6}yeo^{5}mou^{5}din^{6}tei^{1}sêng^{5}hêu^{3}ga^{3}？
顾客：请问有冇电梯上去㗎？

（请问有电梯上去吗？）

fug6 mou4 yun4： mou5 din6 tei1, néi5 hang4 leo4 tei1 sêng5 hêu3 la1.
服 务 员： 有 电 梯，你 行 楼 梯 上 去 啦。

（没有电梯，你走楼梯上去吧。）

gu3 hag3： qing2 men6 leo4 tei1 hei2 bin1 dou6 a3?
顾 客： 请 问 楼 梯 喺 边 度 呀？

（请问楼梯在哪里？）

fug6 mou4 yun4： hei2 dai6 téng1 gé3 zo2 seo2 bin6.
服 务 员： 喺 大 厅 嘅 左 手 便。

（在大厅的左面。）

gu3 hag3： qing2 men6 sei2 seo2 gan1 hei2 bin1 dou6 a3?
顾 客： 请 问 洗 手 间 喺 边 度 呀？

（请问洗手间在哪儿？）

fug6 mou4 yun4： néi5 sên4 ju4 zeo2 long4 yed1 jig6 hang4, hang4 dou3 dug1 zeo6 hei6 la3.
服 务 员： 你 顺 住 走 廊 一 直 行，行 到 笃 就 系 喇。

（你沿着走廊一直走，走到尽头就是了。）

gu3 hag3： qing2 men6 ni1 dou6 fu6 gen6 yeo5 mou5 ngen4 hong4 a3?
顾 客： 请 问 呢 度 附 近 有 冇 银 行 呀？

（请问这儿附近有没有银行？）

fug6 mou4 yun4： yeo5 gan1 gung1 sêng1 ngen4 hang4.
服 务 员： 有 间 工 商 银 行。

（有一家工商银行。）

gu^3 hag^3： gem^2 dim^2 hang^4 a^3？
顾 客： 噉 点 行 呀？

（那怎么走？）

fug^6 mou^4 yun^4： hei^2 ngo^5 déi^4 coi^3 gun^2 mun^4 heo^2 jun^3 yeo^6，hang^4 qin^4 di^1 zeo^6 dou^3 la^3.
服务员： 喺我哋菜馆门口转右，行前啲就到喇。

（在我们菜馆门口往右拐，往前走一点就到了。）

gu^3 hag^3： qing^2 men^6 din^6 tei^1 hei^6 m^4 hei^6 hei^2 qin^4 bin^6 a^3？
顾 客： 请问电梯系唔系喺前便呀？

（请问电梯是不是在前面？）

fug^6 mou^4 yun^4： mou^5 co^3，néi^5 yed^1 jig^6 hang^4，hei^2 qin^4 toi^2 dou^6 yed^1 jun^3 wan^1 zeo^6 hei^6 la^3.
服务员： 冇错，你一直行，喺前台度一转弯就系喇。

（没错，你一直走，在前台处一拐弯就是了。）

2 向顾客说明营业时间

会话

gu^3 hag^3： qing^2 men^6 néi^5 déi^4 zeo^2 ga^1 med^1 yé^5 xi^4 gan^3 ying^6 yib^6 a^3？
顾 客： 请问你哋酒家乜嘢时间营业呀？

（请问你们酒家什么时间营业？）

fug6 mou4 yun4： yeo6 jiu1 zou2 ced1 dim2 dou3 man5 hag1 seb6 dim2 bun3.
服务员： 由朝早七点到晚黑十点半。
（从早上七点到晚上十点半。）

gu3 hag3： néi5 déi4 zeo2 ga1 yeo5 mou5 qid3 zou2 ca4 tung4 yé6 ca4 a3?
顾客： 你哋酒家有冇设早茶同夜茶呀?
（你们酒家有没有设早茶和夜茶?）

fug6 mou4 yun4： yeo5 gé3.
服务员： 有嘅。
（有的。）

gu3 hag3： zou2 ca4 gé3 ying6 yib6 xi4 gan3 hei6 dim2 ga3?
顾客： 早茶嘅营业时间系点㗎?
（早茶的营业时间是怎样的?）

fug6 mou4 yun4： hei6 yeo6 jiu1 zou2 ced1 dim2 dou3 geo2 dim2.
服务员： 系由朝早七点到九点。
（是从早上七点到九点。）

gu3 hag3： gem2 yé6 ca4 né1?
顾客： 噉夜茶呢?
（那夜茶呢?）

fug6 mou4 yun4： hei6 cung4 man5 hag1 bad3 dim2 dou3 seb6 dim2 bun3.
服务员： 系从晚黑八点到十点半。
（是从晚上八点到十点半。）

gu3 hag3： qing2 men6 zêu3 heo6 jib3 seo6 dim2 coi3 hei6 géi2 dim2 a3?
顾客： 请问最后接受点菜系几点呀?
（请问最后接受点菜是几点?）

fug⁶mou⁴yun⁴：hei⁶man⁵hag¹geo²dim²bun³ji¹qin⁴.
服务员：系晚黑九点半之前。

（是晚上九点半之前。）

3 帮助顾客寻找失物

会话

gu³hag³：m⁴goi¹, fug⁶mou⁴yun⁴!
顾客：唔该，服务员！

（劳驾，服务员！）

fug⁶mou⁴yun⁴：xin¹sang¹, qing²men⁶yeo⁵med¹yé⁵xi⁶a³?
服务员：先生，请问有乜嘢事呀？

（先生，请问有什么事吗？）

gu³hag³：ngo⁵hei²néi⁵déi⁴can¹gun²xig⁶fan⁴go²zen²did³zo²bou⁶seo²géi¹.
顾客：我喺你哋餐馆食饭嗰阵跌咗部手机。

（我在你们餐馆用餐的时候丢了一部手机。）

fug⁶mou⁴yun⁴：néi⁵hei⁶géi²xi⁴hei²ngo⁵déi⁴can¹gun²xig⁶fan⁴ga³?
服务员：你系几时喺我哋餐馆食饭㗎？

（你是什么时候在我们餐馆吃饭的呢？）

gu³hag³：hei⁶gem¹yed⁶ngan³zeo³.
顾客：系今日晏昼。

（是今天中午。）

fug^{6}mou^{4}yun^{4}： go^{2}xi^{4}néi^{5}hei^{6}co^{5}bin^{1}zêng^{1}can^{1}toi^{2}ga^{3}?
服务员： 咁时你系坐边张餐台㗎？

（那时候你是坐哪张餐桌的呢？）

gu^{3} hag^{3}： ngo^{5}hei^{6}co^{5}dai^{6}téng^{1}zung^{1}gan^{1}gé^{3}geo^{2}hou^{6}can^{1}toi^{2}.
顾客： 我系坐大厅中间嘅九号餐台。

（我是坐大厅中央的九号餐桌。）

fug^{6}mou^{4}yun^{4}： xin^{1}sang^{1}, m^{4}goi^{1}deng^{2}zen$^{6-2}$, ngo^{5}tung^{4}néi^{5}ca^{4} ha^{5}la^{1}!
服务员： 先生，唔该等阵，我同你查下啦！

（先生，请稍等，我替你查查吧！）

gu^{3} hag^{3}： hou^{2}gé^{3}, ma^{6}fan^{6}sai^{3}!
顾客： 好嘅，麻烦晒！

（好的，麻烦了！）

fug^{6}mou^{4}yun^{4}： xin^{1}sang^{1}, qing^{2}men^{6}néi^{5}gé^{3}seo^{2}géi^{1}hei^{6}med^{1}yé^{5} pai^{4}ji^{2}ga^{3}?
服务员： 先生，请问你嘅手机系乜嘢牌子㗎？

（先生，请问你的手机是什么牌子的？）

gu^{3} hag^{3}： hei^{6}nog^{3}géi^{1}nga^{3}gé^{3}.
顾客： 系诺基亚嘅。

（是诺基亚的。）

fug^{6}mou^{4}yun^{4}： qing^{2}men^{6}néi^{5}gé^{3}seo^{2}géi^{1}hei^{6}med^{1}yé^{5}ngan^{4}xig^{1}ga^{3}?
服务员： 请问你嘅手机系乜嘢颜色㗎？

（请问你的手机是什么颜色的？）

gu³ hag³： hei⁶ ngen⁴ bag⁶ xig¹ gé³.
顾 客： 系银白色嘅。
（是银白色的。）

fug⁶ mou⁴ yun⁴： qing² men⁶ hei⁶ m⁴ hei⁶ ni¹ bou⁶ seo² géi¹ a³?
服务员： 请问系唔系呢部手机呀？
（请问是不是这部手机呢？）

gu³ hag³： hei⁶ lag³, mou⁵ co³, zeng¹ hei⁶ m⁴ goi¹ sai³!
顾 客： 系嘞，冇错，真系唔该晒！
（是的，没错，真的太感谢了！）

fug⁶ mou⁴ yun⁴： m⁴ sei² hag³ héi³! m⁴ goi¹ xin¹ sang¹ néi⁵ sé² zêng¹ seo¹ gêu³ la¹.
服务员： 唔使客气！唔该先生你写张收据啦。
（不必客气！劳驾先生你写一张收据吧。）

gu³ hag³： hou² gé³.
顾 客： 好嘅。
（好的。）

知识链接

中餐宴会服务的“九知”和“四了解”

所谓“九知”，即是要知道出席宴会的人数和桌数、主办单位、邀请对象、宾主身份、宴会的标准、开宴时间、菜式品种、出菜顺序和收费办法。

所谓“四了解”，即是要了解客人的宗教信仰、风俗习惯，了解客人的生活忌讳，了解客人的特殊要求，了解会议及客房的安排等等。

4 酒吧顾客服务

会话

fug6 mou4 yun4：man5 sêng6 hou2！fun1 ying6 guong1 lem4 ngo5 déi4 zeo2 ba1！
服务员：晚上好！欢迎光临我哋酒吧！

（晚上好！欢迎光临我们酒吧！）

gu3 hag3：m4 goi1 sai3！
顾客：唔该晒！

（非常感谢！）

fug6 mou4 yun4：qing2 men6 géi2 wei2 sêng2 co5 can1 toi2 zung6 hei6 kao3 ju4 ba1 toi2 co5 a3？
服务员：请问几位想坐餐台重系靠住吧台坐呀？

（请问几位想坐餐桌还是靠着吧台坐呢？）

gu3 hag3：ngo5 déi4 zung6 hei6 co5 can1 toi2 la1.
顾客：我哋重系坐餐台啦。

（我们还是坐餐桌吧。）

fug6 mou4 yun4：m4 goi1 néi5 déi4 gen1 ngo5 lei4 la1！…… ni1 zêng1 toi2 dim2 a3？
服务员：唔该你哋跟我嚟啦！……呢张台点呀？

（请你们跟我来吧！……这张桌子怎样？）

gu^3 hag^3： ni^{1}zêng^{1}toi^{2}léi^{4}mou^{2}toi^{4}yun^{5}deg^{1}zei^6，yeo^{5}mou^{5}ken^5
顾　客：呢张台离舞台远得滞，有冇近
di^{1}ga^3？
啲㗎？

（这张桌子离舞台太远了，有近点儿的吗？）

fug^{6}mou^{4}yun^4： dêu^{3}m^{4}ju^4，gem^{1}man^{5}yen^{4}hag^{3}hou^{2}do^1，zeng^{1}hei^6
服务员：对唔住，今晚人客好多，真系
ngon^{1}pai^{4}m^{4}dou^2.
安排唔倒。

（很抱歉，今晚客人很多，实在安排不了。）

gu^3 hag^3： gem^{2}zeo^{6}xi^{6}dan^{6}la^1！
顾　客：噉就是但啦！

（那就随便吧！）

fug^{6}mou^{4}yun^4： qing^{2}men^{6}néi^{5}déi^{4}yem^{2}di^{1}med^{1}yé^{5}zeo^{2}a^3？
服务员：请问你哋饮啲乜嘢酒呀？

（请问你们喝点儿什么酒？）

gu^3 hag^3： ngo^{5}déi^{4}yem^{2}bé^{1}zeo^{2}la^1，qing^{2}men^{6}yeo^{5}med^{1}yé^{5}bé^1
顾　客：我哋饮啤酒啦，请问有乜嘢啤
zeo^{2}a^3？
酒呀？

（我们喝啤酒吧，请问有什么啤酒？）

fug^{6}mou^{4}yun^4： yeo^{5}qing^{1}dou^2、ju^{1}gong^1、hoi^{2}ju^{1}tung^{4}mai^{4}san^2
服务员：有青岛、珠江、海珠同埋散
zong^{1}bé^{1}zeo^2.
装啤酒。

（有青岛、珠江、海珠和散装啤酒。）

gu3 hag3：gem2 ngo5 déi4 yiu3 lêng5 zad3 san2 zong1 bé1 zeo2 xin1 la1！
顾　客：噉我哋要两扎散装啤酒先啦！
（那我们先要两扎散装啤酒吧！）

fug6 mou4 yun4：qing2 men6 néi5 déi4 wan2 m4 wan2 xig1 zung1 a3？
服务员：请问你哋玩唔玩色盅呀？
（请问你们玩摇色盅吗？）

gu3 hag3：m4 goi1 tung4 ngo5 déi4 lo2 lêng5 go3 xig1 zung1 lei4 la1.
顾　客：唔该同我哋攞两个色盅嚟啦。
（请给我们拿两个摇色盅来吧。）

fug6 mou4 yun4：hou2 gé3. qing2 men6 yiu3 m4 yiu3 yem2 di1 guo2 zeb1 a3？
服务员：好嘅。请问要唔要饮啲果汁呀？
（好的。请问要喝点儿果汁吗？）

gu3 hag3：qing2 men6 yeo5 di1 med1 yé5 guo2 zeb1 a3？m4 goi1 gai3 xiu4 ha5 la1！
顾　客：请问有啲乜嘢果汁呀？唔该介绍下啦！
（请问有些什么果汁？请介绍一下吧！）

fug6 mou4 yun4：yeo5 cang2 zeb1、yé6 ji2 zeb1 tung4 sei1 gua1 zeb1，qing2 men6 yem2 bin1 zung2 a3？
服务员：有橙汁、椰子汁同西瓜汁，请问饮边种呀？
（有橙汁、椰子汁和西瓜汁，请问喝哪种？）

gu3 hag3：m4 goi1 lo2 lêng5 bui1 yé6 ji2 zeb1 la1！
顾　客：唔该攞两杯椰子汁啦！
（请拿两杯椰子汁吧！）

fug^{6}mou^{4}yun^{4}： qing^{2}men^{6}di^{1}yé^{6}ji^{2}zeb^{1}sei^{2}m^{4}sei^{2}ga^{1}bing^{1}a^{3}？
服务员： 请问啲椰子汁使唔使加冰呀？
（请问这椰子汁用不用加冰块呢？）

gu^{3} hag^{3}： m^{4}sei^{2}la^{3}.
顾客： 唔使喇。
（不用了。）

fug^{6}mou^{4}yun^{4}： qing^{2}men^{6}néi^{5}déi^{4}yiu^{3}di^{1}med^{1}yé^{5}xiu^{2}xig^{6}a^{3}？
服务员： 请问你哋要啲乜嘢小食呀？
（请问你们要点儿什么小吃？）

gu^{3} hag^{3}： m^{4}goi^{1}lo^{2}lêng^{5}fen^{6}yim^{4}gug^{6}fung^{4}zao^{2}tung^{4}yed^{1}dib^{6} fa^{1}sang^{1}mei^{5}la^{1}.
顾客： 唔该攞两份盐焗凤爪同一碟花生米啦。
（请拿两份盐焖鸡爪子和一盘花生米吧。）

fug^{6}mou^{4}yun^{4}： m^{4}goi^{1}deng^{2}zen$^{6-2}$，ngo^{5}hou^{2}fai^{3}fan^{1}lei^{4}tung^{4}néi^{5} déi^{4}fug^{6}mou^{4}！
服务员： 唔该等阵，我好快翻嚟同你哋服务！
（请稍等，我很快回来为你们服务！）

5 咖啡厅顾客服务

会话

fug^{6}mou^{4}yun^{4}： fun^{1}ying^{6}guong^{1}lem^{4}ji^{1}méi^{4}dou^{2}ga^{3}fé^{1}téng^{1}！qing^{2} men^{6}géi^{2}wei^{2}a^{3}？
服务员： 欢迎光临滋味岛咖啡厅！请问几位呀？
（欢迎光临滋味岛咖啡厅！请问几位？）

gu3 hag3： ngo5 déi4 yeo5 sam1 wei2，m4 goi1！
顾 客： 我 哋 有 三 位，唔 该！

（我们有三位，谢谢！）

fug6 mou4 yun4： qing2 men6 néi5 déi4 zung1 yi3 co5 bin1 dou6 a3？
服 务 员： 请 问 你 哋 中 意 坐 边 度 呀？

（请问你们喜欢坐哪儿？）

gu3 hag3： m4 goi1 tung4 ngo5 déi4 ngon1 pai4 zêng1 kao3 cêng1 bin1 gé3 toi2 la1！
顾 客： 唔 该 同 我 哋 安 排 张 靠 窗 边 嘅 台 啦！

（请给我们安排一张靠窗边的桌子吧！）

fug6 mou4 yun4： hou2 gé3，m4 goi1 ni1 bin1 hang4 la1！……ni1 zêng1 toi2 deg1 m4 deg1 a3？
服 务 员： 好 嘅，唔 该 呢 边 行 啦！……呢 张 台 得 唔 得 呀？

（好的，请这边走吧！……这张桌子行吗？）

gu3 hag3： géi2 hou2，m4 goi1 sai3！
顾 客： 几 好，唔 该 晒！

（挺好，太感谢了！）

fug6 mou4 yun4： m4 sei2 hag3 héi3！qing2 men6 néi5 déi4 yiu3 dim2 di1 med1 yé5 a3？
服 务 员： 唔 使 客 气！请 问 你 哋 要 点 啲 乜 嘢 呀？

（不用客气！请问你们要点些什么？）

gu^{3} hag^{3}： m^{4}goi^{1}lo^{2}lêng^{5}bui^{1}ga^{3}fé^{1}tung^{4}yed^{1}bui^{1}yid^{6}nai^{5}ca^{4}la^{1}！
顾　客： 唔该攞两杯咖啡同一杯热奶茶啦！

（请拿两杯咖啡和一杯热奶茶吧！）

fug^{6}mou^{4}yun^{4}： qing^{2}men^{6}néi^{5}déi^{4}yiu^{3}qing^{1}ga^{3}fé^{1}ding^{6}hei^{6}ga^{1}nai^{5} ga^{3}fé^{1}a^{3}？
服务员： 请问你哋要清咖啡定系加奶咖啡呀？

（请问你们要清咖啡还是加奶咖啡？）

gu^{3} hag^{3}： yiu^{3}qing^{1}ga^{3}fé^{1}la^{1}！
顾　客： 要清咖啡啦！

（要清咖啡吧！）

fug^{6}mou^{4}yun^{4}： hou^{2}gé^{3}，m^{4}goi^{1}deng^{2}zen$^{6-2}$la^{1}！……
服务员： 好嘅，唔该等阵啦！……

（好的，请稍等吧！……）

fug^{6}mou^{4}yun^{4}： ni^{1}dou^{6}hei^{6}néi^{5}déi^{4}gé^{3}ga^{3}fé^{1}tung^{4}yid^{6}nai^{5}ca^{4}.
服务员： 呢度系你哋嘅咖啡同热奶茶。

（这儿是你们的咖啡和热奶茶。）

gu^{3} hag^{3}： hou^{2}gé^{3}，m^{4}goi^{1}！
顾　客： 好嘅，唔该！

（好的，谢谢！）

gu^{3} hag^{3}： fug^{6}mou^{4}yun^{4}！dim^{2}gai^{2}di^{1}ga^{3}fé^{1}gem^{3}nung^{4}gé$^{3-2}$？
顾　客： 服务员！点解啲咖啡咁浓嘅？

（服务员！怎么这咖啡这么浓的呢？）

fug^{6}mou^{4}yun^{4}： yu^{4} guo^{2} néi^{5} déi^{4} zung^{1} yi^{3} tam^{5} di^{1} gé^{3} wa$^{6-2}$ zeo^{6} ga^{1} di^{1} tong^{4} la^{1}.
服务员： 如果你哋中意淡啲嘅话就加啲糖啦。

（如果你们喜欢淡点儿的话就加点儿糖吧。）

gu^{3} hag^{3}： hou^{2} la^{1}, gem^{2} zeo^{6} ga^{1} xiu^{2} xiu^{2} tong^{4} la^{1}.
顾客： 好啦，噉就加少少糖啦。

（好吧，那就加一点点糖吧。）

fug^{6}mou^{4}yun^{4}： hou^{2} gé^{3}. qing^{2} men^{6} zung^{6} yiu^{3} di^{1} med^{1} yé^{5} a^{3}?
服务员： 好嘅。请问重要啲乜嘢呀？

（好的。请问还需要些什么吗？）

gu^{3} hag^{3}： yiu^{3} yed^{1} fen^{6} sam^{1} men^{6} ji^{4} tung^{4} lêng^{5} fen^{6} sei^{1} béng^{2} la^{1}!
顾客： 要一份三文治同两份西饼啦！

（要一份三明治和两份西饼吧！）

fug^{6}mou^{4}yun^{4}： hou^{2} gé^{3}, ngo^{5} jig^{1} hed^{1} zeo^{6} lo^{2} lei^{4}!
服务员： 好嘅，我即刻就攞嚟！

（好的，我马上就拿来！）

知识链接

啤酒的来源

据考证，啤酒已有约五千年的历史，而在我国的出现还不到一百年，只是从上世纪初才传入我国。啤酒属于外来酒种，就是人们所说的“洋酒”之类，在西方国家被称为“西方凉茶”。啤酒中的“啤”字在中国过去的字典中是不存在的，后来有人根据英语对啤酒的称呼“beer”的发音，从而译成中文“啤”字，创造了这个外来语文字。又因为它具有一定的酒精，故翻译时用了“啤酒”一词，一直沿用至今。

今天，啤酒已发展成为世界酒类中生产量与销售量最大的酒种，全世界约有165个国家和地区都生产啤酒，年生产量达1亿多吨，世界人均消费量20升以上，成为国际上通用的饮料。

语法详解

1 **打的——（坐出租车）**“的”是“的士”的简称，相当于普通话中的“出租车”。“的士”是英语“taxi 出租车”的音译。

2 **搭巴士——（坐公共汽车）**“搭”也可说成“坐”，相当于普通话中的“坐、乘”。“巴士”相当于普通话中的“公共汽车”，它是英语“bus 公共汽车”的音译。

3 **电梯——（电梯）**“电梯”也可说成“猎 lib$^{6-1}$”。“猎”是英语“lift 电梯”的音译。

4 **顺住——（沿着）**“顺住”也可说成“沿 yun^{4} 住”。

5 **行到笃——（走到尽头）**“笃”相当于普通话中的“尽头，底部”。例如：樽笃（瓶底）。

6 **附近——（附近）**“附近”也可说成“左近 zo^{2}gen$^{6-2}$”。

“左近”还可表示约数，相当于普通话“上下，左右”的意思。例如：我哋经理四十岁左近。(我们经理四十岁上下。)

7 转右——（**往右拐**）“转”相当于普通话中的“拐”。例如：前便转弯（前面拐弯）。“转右”的相反词为“转左”。

8 一转弯——（**一拐弯**）“一转弯”也可说成“一屈 wed[1]”。“屈”是一个动词，相当于普通话中的“弯，曲，崴”。例如：屈成三角形（弯成三角形）、屈亲只脚（崴了脚）。

9 颜色——（**颜色**）“颜色”也可说成“色水”。

10 酒吧——（**酒吧**）“吧”是英语“bar 酒吧”的音译。

11 啤酒——（**啤酒**）“啤”是英语“beer 啤酒”的音译。

12 三文治——（**三明治，是一种夹肉的面包**），它是英语“sandwich 三明治”的音译。

第三部分

餐饮业常用词汇表

（广州话/拼音/普通话对照）

1. 数字的表达

广州话	拼音	普通话
0	ling^{6}	0
1	yed^{1}	1
2	yi^{6}	2
3	sam^{1}	3
4	séi^{3}	4
5	ng^{5}	5
6	lug^{6}	6
7	ced^{1}	7
8	bad^{3}	8
9	geo^{2}	9
10	seb^{6}	10
11	seb^{6}yed^{1}	11
19	seb^{6}geo^{2}	19
20	yi^{6}seb^{6}	20
21	yi^{6}seb^{6}yed^{1}	21
28	yi^{6}seb^{6}bad^{3}	28
30	sam^{1}seb^{6}	30
31	sam^{1}seb^{6}yed^{1}	31
36	sam^{1}seb^{6}lug^{6}	36
40	séi^{3}seb^{6}	40
41	séi^{3}seb^{6}yed^{1}	41
49	séi^{3}seb^{6}geo^{2}	49
50	ng^{5}seb^{6}	50
51	ng^{5}seb^{6}yed^{1}	51
56	ng^{5}seb^{6}lug^{6}	56
60	lug^{6}seb^{6}	60

广州话	拼音	普通话
68	lug^{6}seb^{6}bad^{3}	68
69	lug^{6}seb^{6}geo^{2}	69
70	ced^{1}seb^{6}	70
80	bad^{3}seb^{6}	80
90	geo^{2}seb^{6}	90
100	yed^{1}bag^{3}	100
109	yed^{1}bag^{3}ling^{6}geo^{2}	109
110	bag^{3}yed^{1}	110
190	bag^{3}geo^{2}	190
200	lêng^{5}bag^{3}	200
百	bag^{3}	百
千	qin^{1}	千
三千	sam^{1}qin^{1}	三千
万	man^{6}	万
十万	seb^{6}man^{6}	十万
百万	bag^{3}man^{6}	百万
千万	qin^{1}man^{6}	千万
一亿	yed^{1}yig^{1}	一亿

2. 时间的表达

(1) 时间点的表达

广州话	拼音	普通话
秒	miu^{2}	秒
20 秒	ya^{6}miu^{2}	20 秒
分	fen^{1}	分
30 分	sa^{1}a^{6}fen^{1}	30 分
钟（钟头）	zung^{1}（zung^{1}teo^{6}）	小时

广州话	拼音	普通话
半个钟	bun^{3}go^{3}zung^1	半小时
三个钟头	sam^{1}go^{3}zung^{1}teo^6	三个小时
两个几钟	lêng^{5}go^{3}géi^{2}zung^1	两个多小时
三个字倒	sam^{1}go^{3}ji^{4}dou^2	15 分钟左右
点（点钟）	dim^2（dim^{2}zung^1）	点钟
9 点两个字	geo^{2}dim^{2}lêng^{5}go^{3}ji^4	9 点 10 分
10 点半	seb^{6}dim^{2}bun^3	10 点半
12 点 18 分	seb^{6}yi^{6}dim^{2}seb^{6}bad^{3}fen^1	12 点 18 分
沓正 8 点	dab^{6}jing^{3}bad^{3}dim^2	8 点整
争两分 7 点	zeng^{1}lêng^{5}fen^{1}ced^{1}dim^2	6 点 58 分

（2）日期的表达

广州话	拼音	普通话
礼拜一	lei^{5}bai^{3}yed^1	星期一
礼拜二	lei^{5}bai^{3}yi^6	星期二
礼拜三	lei^{5}bai^{3}sam^1	星期三
礼拜四	lei^{5}bai^{3}séi^3	星期四
礼拜五	lei^{5}bai^{3}ng^5	星期五
礼拜六	lei^{5}bai^{3}lug^6	星期六
礼拜日	lei^{5}bai^{3}yed^6	星期天
周末	zeo^{1}mud^6	周末
上个礼拜二	sêng^{6}go^{3}lei^{5}bai^{3}yi^6	上个星期二
下个礼拜六	ha^{6}go^{3}lei^{5}bai^{3}lug^6	下个星期六
两个星期	lêng^{5}go^{3}xing^{1}kéi^4	两个星期
朝早	jiu^{1}zou^2	早上
上昼	sêng^{6}zeo^3	上午
上午	sêng^{6}ng^5	上午

广州话	拼音	普通话
晏昼	ngan^{3}zeo^{3}	中午
中午	zung^{1}ng^{5}	中午
下昼	ha^{6}zeo^{3}	下午
下午	ha^{6}ng^{5}	下午
挨晚	ngai^{1}man$^{5-1}$	傍晚，黄昏
晚黑	man^{5}hag^{1}	晚上
晚上	man^{5}sêng^{6}	晚上
深夜	sem^{1}yé^{6}	深夜
凌晨	ling^{6}sen^{4}	凌晨
前日	qin^{4}yed^{6}	前天
琴日	kem^{4}yed^{6}	昨天
寻日	cem^{4}yed^{6}	昨天
今日	gem^{1}yed^{6}	今天
听日	ting^{1}yed^{6}	明天
后日	heo^{6}yed^{6}	后天
听日上昼	ting^{1}yed^{6}sêng^{6}zeo^{3}	明天上午
今日下昼	gem^{1}yed^{6}ha^{6}zeo^{3}	今天下午
琴晚	kem^{4}man^{5}	昨天晚上，昨晚
后日朝早九点	heo^{6}yed^{6}jiu^{1}zou^{2}geo^{2}dim^{2}	后天早上九点
前年	qin^{4}nin$^{4-2}$	前年
旧年	geo^{6}nin$^{4-2}$	去年
今年	gem^{1}nin$^{4-2}$	今年
出年	cêd^{1}nin$^{4-2}$	明年
后年	heo^{6}nin$^{4-2}$	后年
日日	yed^{6}yed^{6}	每天
晚晚	man^{5}man^{5}	每晚

(3) 月份的表达

广州话	拼音	普通话
一月	yed^{1}yud^{6}	一月
二月	yi^{6}yud^{6}	二月
三月	sam^{1}yud^{6}	三月
四月	séi^{3}yud^{6}	四月
五月	ng^{5}yud^{6}	五月
六月	lug^{6}yud^{6}	六月
七月	ced^{1}yud^{6}	七月
八月	bad^{3}yud^{6}	八月
九月	geo^{2}yud^{6}	九月
十月	seb^{6}yud^{6}	十月
十一月	seb^{6}yed^{1}yud^{6}	十一月
十二月	seb^{6}yi^{6}yud^{6}	十二月
上个月	sêng^{6}go^{3}yud^{6}	上个月
下个月	ha^{6}go^{3}yud^{6}	下个月
月头	yud^{6}teo^{6}	月初
月尾	yud^{6}méi^{5}	月底
上旬	sêng^{6}sên^{6}	上旬
中旬	zung^{1}sên^{6}	中旬
下旬	ha^{6}sên^{6}	下旬
八月中旬	bad^{3}yud^{6}zung^{1}sên^{6}	八月中旬
九月下旬	geo^{2}yud^{6}ha^{6}sên^{6}	九月下旬
今年四月份	gem^{1}nin$^{4-2}$séi^{3}yud^{6}fen^{4}	今年四月份
旧年六月份	geo^{6}nin$^{4-2}$lug^{6}yud^{6}fen^{4}	去年六月份

(4) 季节的表达

广州话	拼音	普通话
春季	cên^{1}guei^{3}	春季
夏季	ha^{4}guei^{3}	夏季
秋季	ceo^{1}guei^{3}	秋季
冬季	dung^{1}guei^{3}	冬季
仲夏	zung^{4}ha^{4}	仲夏
中秋	zung^{1}ceo^{1}	中秋
仲冬	zung^{4}dung^{1}	仲冬

3. 节日名称

广州话	拼音	普通话
春节	cên^{1}jid^{3}	春节
新年	sen^{1}nin^{4}	新年
元旦	yun^{4}dan^{3}	元旦
圣诞节	xing^{3}dan^{3}jid^{3}	圣诞节
国庆节	guog^{3}hing^{3}jid^{3}	国庆节
教师节	gao^{3}xi^{1}jid^{3}	教师节
重阳节	cung^{4}yêng^{4}jid^{3}	重阳节
儿童节	yi^{4}tung^{4}jid^{3}	儿童节
龙舟节	lung^{4}zeo^{1}jid^{3}	龙舟节
端午节	dün^{1}ng^{5}jid^{3}	端午节
父亲节	fu^{4}cen^{1}jid^{3}	父亲节
母亲节	mou^{5}cen^{1}jid^{3}	母亲节
妇女节	fu^{5}nêu^{5}jid^{3}	妇女节
劳动节	lou^{6}dung^{4}jid^{3}	劳动节
中秋节	zung^{1}ceo^{1}jid^{3}	中秋节

广州话	拼音	普通话
情人节	qing^{4}yen^{4}jid^{3}	情人节
清明节	qing^{1}ming^{6}jid^{3}	清明节
平安夜	ping^{4}ngon^{1}yé^{6}	平安夜
除夕	cêu^{4}jig^{6}	除夕
感恩节	gem^{2}yen^{1}jid^{3}	感恩节
生日	sang^{1}yed^{6}	生日
纪念日	géi^{2}nim^{4}yed^{6}	纪念日

4. 用餐场所名称

广州话	拼音	普通话
酒店	zeo^{2}dim^{3}	酒店
酒家	zeo^{2}ga^{1}	酒家
酒楼	zeo^{2}leo^{4}	酒楼
酒廊	zeo^{2}long^{4}	酒廊
饭店	fan^{4}dim^{3}	饭店
美食店	méi^{5}xig^{6}dim^{3}	美食店
面食店	min^{4}xig^{6}dim^{3}	面食店
面包店	min^{4}bao^{1}dim^{3}	面包店
快餐店	fai^{3}can^{1}dim^{3}	快餐店
宾馆	ben^{1}gun^{2}	宾馆
旅馆	lêu^{5}gun^{2}	旅馆
餐馆	can^{1}gun^{2}	餐馆
饭馆	fan^{4}gun^{2}	饭馆
菜馆	coi^{3}gun^{2}	菜馆
美食馆	méi^{5}xig^{6}gun^{2}	美食馆
餐厅	can^{1}téng^{1}	餐厅

广州话	拼音	普通话
自助餐厅	ji^{4} zo^{6} can^{1} téng^{1}	自助餐厅
茶餐厅	ca^{4} can^{1} téng^{1}	茶餐厅
西餐厅	sei^{1} can^{1} téng^{1}	西餐厅
中餐厅	zung^{1} can^{1} téng^{1}	中餐厅
风味餐厅	fung^{1} méi^{4} can^{1} téng^{1}	风味餐厅
食街	xig^{6} gai^{1}	食街
食堂	xig^{6} tong^{4}	食堂
大排档	dai^{6} pai^{4} dong^{3}	小食摊档

5. 餐馆内结构及设备名称

广州话	拼音	普通话
大门	dai^{6} mun^{4}	大门
出入口	cêd^{1} yeb^{6} heo^{2}	出入口
大厅	dai^{6} téng^{1}	大厅
包房	bao^{1} fong^{2}	包房
窗	cêng^{1}	窗户
天花	tin^{1} fa^{1}	天花
墙	cêng^{4}	墙壁
柱	qu^{5}	柱子
走廊	zeo^{2} long^{2}	走廊
过道	guo^{3} dou^{6}	过道
楼梯	leo^{4} tei^{1}	楼梯
地板	déi^{4} ban^{2}	地板
演讲台	yun^{2} gong^{2} toi^{4}	演讲台
栏杆	lan^{6} gon^{1}	栏杆
停车场	ting^{4} cé^{1} cêng^{4}	停车场

广州话	拼音	普通话
食烟区	xig^{6} yin^{1} kêu^{1}	吸烟区，抽烟区
休息厅	yeo^{1} xig^{1} téng^{1}	休息厅
洗手间	sei^{2} seo^{2} gan^{1}	洗手间
接待室	jib^{3} doi^{4} sed^{1}	接待室
服务台	fug^{6} mou^{4} toi^{4}	服务台
衣帽间	yi^{1} mou^{2} gan^{1}	衣帽间
更衣室	gan^{1} yi^{1} sed^{1}	更衣室
会议室	wui^{4} yi^{5} sed^{1}	会议室
医务室	yi^{1} mou^{4} sed^{1}	医务室
保安亭	bou^{2} ngon^{1} ting^{4}	保安亭
配电房	pui^{3} din^{6} fong^{2}	配电房
面包房	min^{4} bao^{1} fong^{2}	面包房
洗涤区	sei^{2} dig^{6} kêu^{1}	洗涤区
厨房	qu^{4} fong^{2}	厨房
冰库	bing^{1} fu^{3}	冰库
垃圾区	lab^{6} sab^{3} kêu^{1}	垃圾区
消防系统	xiu^{1} fong^{4} hei^{6} tung^{2}	消防系统
空调	hung^{1} tiu^{4}	空调
风扇	fung^{1} xin^{3}	风扇
电视	din^{6} xi^{6}	电视
音响	yem^{1} hêng^{2}	音响
电脑	din^{6} nou^{5}	电脑
电话	din^{6} wa$^{6-2}$	电话
捰卡机	lug^{1} ca^{1} géi^{1}	刷卡机
冰箱	bing^{1} sêng^{1}	冰箱
梳化	so^{1} fa^{2}	沙发
茶几	ca^{4} géi^{1}	茶几

广州话	拼音	普通话
麻雀台	ma6 zêg3 toi2	麻将台
饮水机	yem2 sêu2 géi1	饮水机
台灯	toi4 deng1	台灯
吊灯	diu3 deng1	吊灯
开关	hoi1 guan1	开关
复印机	fug1 yen3 géi1	复印机
传真机	qun4 zeng1 géi1	传真机
办公台	ban6 gung1 toi2	办公台
电饭煲	din6 fan4 bou1	电饭锅
果汁榨汁机	guo2 zeb1 za3 zeb1 géi1	果汁榨汁机
镬	wog6	铁锅
镬铲	wog6 cang2	锅铲
打蛋器	da2 dan2 héi3	打蛋器
面包机	min4 bao1 géi1	面包机
烧烤机	xiu1 hao1 géi1	烧烤机
刨冰机	pao6 bing1 géi1	削冰机
食品加工机	xig6 ben2 ga1 gung1 géi1	食品加工机
烧烤架	xiu1 hao1 ga3-2	烧烤架
食品柜	xig6 ben2 guei4	食品柜
装餐具容器	zong1 can1 gêu4 yung4 héi3	装餐具容器
吸尘器	keb1 cen4 héi3	吸尘器
手推车	seo2 têu1 cé1	手推车
砧板	zem1 ban2	砧板
菜刀	coi3 dou1	菜刀
茶具	ca4 gêu4	茶具
水桶	sêu2 tung2	水桶
冰桶	bing1 tung2	冰桶

广州话	拼音	普通话
托盘	tog^{3}pun$^{4-2}$	托盘
花盘	fa^{1}pun$^{4-2}$	花盘
调酒器	tiu^{4}zeo^{2}héi^{3}	调酒器

6. 餐馆内职能部门名称

广州话	拼音	普通话
经理办公室	ging^{1}léi^{5}ban^{6}gung^{1}sed^{1}	经理办公室
行政部	hang^{4}jing^{3}bou^{6}	行政部
公关部	gung^{1}guan^{1}bou^{6}	公关部
销售部	xiu^{1}seo^{6}bou^{6}	销售部
人事部	yen^{4}xi^{6}bou^{6}	人事部
财务部	coi^{4}mou^{4}bou^{6}	财务部
采购部	coi^{2}keo^{3}bou^{6}	采购部
后勤部	heo^{6}ken^{4}bou^{6}	后勤部
工程部	gung^{1}qing^{4}bou^{6}	工程部
保安部	bou^{2}ngon^{1}bou^{6}	保安部
管事部	gun^{2}xi^{6}bou^{6}	管事部
营业部	ying^{4}yib^{6}bou^{6}	营业部
饮食部	yem^{2}xig^{6}bou^{6}	饮食部
出品部	cêd^{1}ben^{2}bou^{6}	出品部
迎宾部	ying^{4}ben^{1}bou^{6}	迎宾部
中厨部	zung^{1}qu^{4}bou^{6}	中厨部
中菜部	zung^{1}coi^{3}bou^{6}	中菜部
传菜部	qun^{4}coi^{3}bou^{6}	传菜部
酒水部	zeo^{2}sêu^{2}bou^{6}	酒水部
宴会部	yin^{3}wui^{4}bou^{6}	宴会部
酒吧部	zeo^{2}ba^{1}bou^{6}	酒吧部

7. 餐馆内职务名称

广州话	拼音	普通话
董事长	dung^{2}xi^{6}zêng^{2}	董事长
总经理	zung^{2}ging^{1}léi^{5}	总经理
副经理	fu^{3}ging^{1}léi^{5}	副经理
总管	zung^{2}gun^{2}	总管
主任	ju^{2}yem^{4}	主任
饮食总监	yem^{2}xig^{6}zung^{2}gam^{1}	饮食总监
行政总厨	hang^{4}jing^{3}zung^{2}qu^{4}	行政总厨
厨师	qu^{4}xi^{1}	厨师
头镬	teo^{6}wog^{6}	头锅
头砧	teo^{6}zem^{1}	头砧
部长	bou^{6}zêng^{2}	部长
领班	léng^{5}ban^{1}	领班
收银员	seo^{1}ngen^{4}yun^{4}	收银员
预订员	yu^{4}déng^{6}yun^{4}	预订员
礼宾员	lei^{5}ben^{1}yun^{4}	礼宾员
领位员	léng^{5}wei^{2}yun^{4}	领位员
调酒师	tiu^{4}zeo^{2}xi^{1}	调酒师
传菜员	qun^{4}coi^{3}yun^{4}	传菜员
上什	sêng^{6}zab^{6}	上什
打荷	da^{2}ho$^{4-2}$	打荷
收发员	seo^{1}fad^{3}yun^{4}	收发员
保安员	bou^{2}ngon^{1}yun^{4}	保安员
司机	xi^{1}géi^{1}	司机
男侍应生	nam^{4}xi^{6}ying^{3}seng^{1}	男侍应生
女侍应生	nêu^{5}xi^{6}ying^{3}seng^{1}	女侍应生
清洁工	qing^{1}gid^{3}gung^{1}	清洁工

广州话	拼音	普通话
洗碗工	sei2 wun2 gung1	洗碗工
杂工	zab6 gung1	杂工
临时工	lem4 xi4 gung1	临时工
送餐员	sung3 can1 yun4	送餐员

8. 中国及国外菜系名称

广州话	拼音	普通话
粤菜	yud6 coi3	广东菜
川菜	qun1 coi3	四川菜
湘菜	sêng1 coi3	湖南菜
鲁菜	lou5 coi3	山东菜
苏菜	sou1 coi3	江苏菜
徽菜	fei1 coi3	安徽菜
浙菜	jid3 coi3	浙江菜
闽菜	men5 coi3	福建菜
英国菜	ying1 guog3 coi3	英国菜
法国菜	fad3 guog3 coi3	法国菜
德国菜	deg1 guog3 coi3	德国菜
意大利菜	yi3 dai6 léi4 coi3	意大利菜
俄罗斯菜	ngo4 lo4 xi1 coi3	俄罗斯菜
葡萄牙菜	pou6 tou4 nga4 coi3	葡萄牙菜
西班牙菜	sei1 ban1 nga4 coi3	西班牙菜
匈牙利菜	hung1 nga4 léi4 coi3	匈牙利菜
日本料理	yed6 bun2 liu4 léi5	日本料理
韩国菜	hon4 guog3 coi3	韩国菜

9. 餐具名称

广州话	拼音	普通话
饭碗	$fan^{4}wun^{2}$	饭碗
汤碗	$tong^{1}wun^{2}$	汤碗
细碟	$sei^{3}dib^{6-2}$	小盘子
大碟	$dai^{6}dib^{6-2}$	大盘子
甜点碟	$tim^{4}dim^{2}dib^{6-2}$	甜点盘
色拉碟	$xig^{1}lai^{1}dib^{6-2}$	色拉盘
牛油碟	$ngeo^{4}yeo^{6}dib^{6-2}$	牛油盘
生果碟	$sang^{1}guo^{2}dib^{6-2}$	水果盘
筷	fai^{3}	筷子
刀	dou^{1}	刀
叉	ca^{1}	叉
酒杯	$zeo^{2}bui^{1}$	酒杯
茶杯	$ca^{4}bui^{1}$	茶杯
茶罐	$ca^{4}gun^{3}$	茶罐
茶壶	$ca^{4}wu^{4-2}$	茶壶
茶碟	$ca^{4}dib^{6-2}$	茶碟
茶匙	$ca^{4}xi^{6}$	茶匙
咖啡炉	$ga^{3}fé^{1}lou^{6}$	咖啡炉
咖啡杯	$ga^{3}fé^{1}bui^{1}$	咖啡杯
咖啡壶	$ga^{3}fé^{1}wu^{4}$	咖啡壶
匙羹	$qi^{4}geng^{1}$	小勺子
壳	hog^{3}	大勺子
调料樽	$tiu^{4}liu^{4-2}zun^{1}$	调料瓶
三味架	$sam^{1}méi^{4}ga^{3}$	三味架
糖夹	$tong^{4}gab^{6}$	糖夹
汁壶	$zeb^{1}wu^{4}$	汁壶

广州话	拼音	普通话
洗手盅	$sei^2 seo^2 zung^1$	洗手缸
面包夹	$min^4 bao^1 gab^6$	面包夹
饼铲	$béng^2 cang^2$	饼铲
过酒器	$guo^3 zeo^2 héi^3$	过酒器
开瓶器	$hoi^1 ping^6 héi^3$	开瓶器
分菜匙	$fen^1 coi^3 xi^6$	分菜匙
奶匙	$nai^5 xi^6$	奶匙
酒架	$zeo^2 ga^{3-2}$	酒架
蜡烛架	$lab^6 zug^1 ga^{3-2}$	蜡烛架
餐巾	$can^1 gen^1$	餐巾
牙签	$nga^4 qim^1$	牙签
烟灰盅	$ying^1 fui^1 zung^1$	烟灰缸

10. 调料名称

广州话	拼音	普通话
白糖	$bag^6 tong^4$	白糖
红糖	$hung^4 tong^4$	红糖
冰糖	$bing^1 tong^4$	冰糖
糖汁	$tong^4 zeb^1$	糖汁
蜜糖	$meg^6 tong^4$	蜂蜜
麦芽糖	$meg^6 nga^4 tong^4$	麦芽糖
糖精	$tong^4 jing^1$	糖精
白醋	$bag^6 cou^3$	白醋
黑醋	$hag^1 cou^3$	陈醋
盐	yim^4	盐
豉油	$xi^6 yeo^6$	酱油
味精	$méi^4 jing^1$	味精

广州话	拼音	普通话
鸡精粉	gei¹jing¹fen²	鸡精粉
鲍鱼汁	bao¹yu⁴zeb¹	鲍鱼汁
蚝油	hou⁴yeo⁶	蚝油
生粉	sang¹fen²	生粉，淀粉
泡打粉	pao¹da²fen²	发酵粉
孜然粉	ji¹yun⁴fen²	茴香粉
啤酒花	bé¹zeo²fa¹	啤酒花
料酒	liu⁴zeo²	料酒
白酒	bag⁶zeo²	白酒
黄酒	wong⁶zeo²	黄酒
花生油	fa¹sang¹yeo⁶	花生油
调和油	tiu⁴wo⁶yeo⁶	调和油
菜子油	coi³ji²yeo⁶	菜子油
橄榄油	gem³lam²yeo⁶	橄榄油
芝麻油	ji¹ma⁶yeo⁶	芝麻油，香油
豆油	deo⁴yeo⁶	豆油
人造黄油	yen⁴zou⁶wong⁶yeo⁶	人造黄油
葵花油	kuei⁴fa¹yeo⁶	葵花油
猪油	ju¹yeo⁶	猪油
调味酱	tiu⁴méi⁴zêng³	调味酱
辣椒酱	lad⁶jiu¹zêng³	辣椒酱
喼汁	gib¹zeb¹	辣椒油
番茄酱	fan¹ké²zêng³	西红柿酱
排骨酱	pai⁴gued¹zêng³	排骨酱
甜面酱	tim⁴min⁴zêng³	甜面酱
沙茶酱	sa¹ca⁴zêng³	沙茶酱
花生酱	fa¹sang¹zêng³	花生酱

广州话	拼音	普通话
桔子酱	ged1 ji2 zêng3	桔子酱
芝麻酱	ji1 ma6 zêng3	芝麻酱
虾酱	ha1 zêng3	虾酱
鱼子酱	yu4 ji2 zêng3	鱼子酱
豆瓣酱	deo4 ban2 zêng3	豆瓣酱
果酱	guo2 zêng3	果酱
面豉酱	min4 xi6 zêng3	面豉酱
腐乳	fu4 yu5	腐乳
芥末	gai3 mud6	芥末
胡椒	wu6 jiu1	胡椒
花椒	fa1 jiu1	花椒
干辣椒	gon1 lad6 jiu1	干辣椒
咖喱	ga3 lé1	咖喱
姜	gêng1	姜
葱	cung1	葱
蒜	xun3	蒜
芫西	yun4 sei1	香菜，芫荽
茴香子	wui4 hêng1 ji2	茴香子
丁香	ding1 hêng1	丁香
八角	bad3 gog3	八角
薄荷	bog6 ho4	薄荷
肉桂	yug6 guei3	肉桂
桂花	guei3 fa1	桂花
陈皮	cen4 péi4	陈皮
胶料	gao1 liu2	胶料
欧芹	ngeo1 ken4-2	欧芹
姜黄	gêng1 wong6	姜黄

广州话	拼音	普通话
百里香	bag^{3}léi^{5}hêng^{1}	百里香
香草	hêng^{1}cou^{2}	香草
苦艾	fu^{2}ngai^{6}	苦艾
芝士	ji^{1}xi$^{6-2}$	干酪
奶油	ngai^{5}yeo^{6}	奶油
忌廉	géi^{4}lim$^{4-1}$	奶酪
蒜蓉	xun^{3}yung^{4}	蒜蓉
椒丝	jiu^{1}xi^{1}	辣椒丝

11. 烹调方法

广州话	拼音	普通话
炒	cao^{2}	炒
熘	leo^{4}	熘
煸	bin^{1}	煸
煎	jin^{1}	煎
炸	za^{3}	炸
氽	ten^{2}	油炸
煮	ju^{2}	煮
煲	bou^{1}	熬，烧
炆	men^{1}	炖
焗	gug^{6}	焖
灼	zêg^{3}	白灼
烘	hung^{3}	烘，在火旁烤
烩	wui^{4}	烩
煨	wui^{1}	炭烧
薰	fen^{1}	薰
浸	zem^{3}	浸

广州话	拼音	普通话
清蒸	qing¹ jing¹	清蒸
红烧	hung⁴ xiu¹	红烧
卤水	lou⁵ sêu²	卤水
凉拌	lêng⁴ bun³	凉拌

12. 各种口感及味道

广州话	拼音	普通话
酸	xun¹	酸
甜	tim⁴	甜
苦	fu²	苦
辣	lad⁶	辣
咸	ham⁴	咸
淡	tam⁵	淡
涩	gib³	涩
香	hêng¹	香
臭	ceo³	臭
五味	ng⁵ méi⁴	五味
六味	lug⁶ méi⁴	六味
暖	nün⁵	温
热	yid⁶	热
冻	dung³	冷
肥	féi⁴	肥
瘦	seo³	瘦
硬	ngang⁶	硬
软	yun⁵	软
脆	cêu³	脆
韧	ngen¹	韧

广州话	拼音	普通话
滑	wad⁶	嫩
生	sang¹	生
稔	nem⁴	熟，烂
半熟	bun³sug⁶	半熟
冇味	mou⁵méi⁴	没味道
味重	méi⁴cung⁵	味浓
髎喉	leo⁶heo⁶	发腻
好酸	hou²xun¹	很酸
辣咗啲	lad⁶zo²di¹	辣了点儿
甜甜地	tim⁴tim⁴déi⁴⁻²	带有一点点甜味
淡得滞	tam⁵deg¹zei⁶	太淡了
韧过头	ngen¹guo³teo⁶	太韧了
咸到死	ham⁴dou³séi²	咸得要命
酸辣	xun¹lad⁶	酸辣
咸辣	ham⁴lad⁶	咸辣
麻辣	ma⁶lad⁶	麻辣

13. 菜单

（1）中菜菜单

①小食类

广州话	拼音	普通话
油炸花生米	yeo⁶za³fa¹sang¹mei⁵	油炸花生米
南乳花生	nam⁴yu⁵fa¹sang¹	南乳花生
盐焗花生米	yim⁴gug⁶fa¹sang¹mei⁵	盐焗花生米
什锦菜	zab⁶gem²coi³	什锦菜
酸辣海带	xun¹lad⁶hoi²dai³	酸辣海带
腌黄瓜	yib³wong⁶gua¹	腌黄瓜

广州话	拼音	普通话
咸酸荞头	ham⁴xun¹kiu⁴teo⁶	咸酸藠头
甜酸萝卜	tim⁴xun¹lo⁴bag⁶	甜酸萝卜
酸黄瓜	xun¹wong⁶gua¹	酸黄瓜
冬菜	dung¹coi³	冬菜
咸菜	ham⁴coi³	咸菜
酸菜	xun¹coi³	酸菜
泡菜	pao³coi³	泡菜
榨菜	za³coi³	榨菜
开心菜	hoi¹sem¹coi³	开心菜
五味榄肉	ng⁵méi⁴lam²yug⁶	五味榄肉
糖醋蒜头	tong⁴cou³xun³teo⁶	糖醋蒜头
凉拌三丝	lêng⁴bun³sam¹xi¹	凉拌三丝
凉拌青瓜	lêng⁴bun³céng¹gua¹	凉拌青瓜
糖姜片	tong⁴gêng¹pin²	糖姜片
腰果	yiu¹guo²	腰果
核桃仁	hed⁶tou⁴yen⁴	核桃仁
野山椒	yé⁵san¹jiu¹	野山椒

②禽畜类及蛋类

广州话	拼音	普通话
白斩鸡	bag⁶zam²gei¹	白切鸡
盐焗鸡	yim⁴gug⁶gei¹	盐焖鸡
姜葱鸡	gêng¹cung¹gei¹	姜葱鸡
炸子鸡	za³ji²gei¹	炸子鸡
桶子油鸡	tung²ji²yeo⁶gei¹	桶子油鸡
烧鸡	xiu¹gei¹	烤鸡
咖喱鸡	ga³lé¹gei¹	咖喱鸡
辣子鸡	lad⁶ji²gei¹	辣子鸡

广州话	拼音	普通话
怪味鸡	guai^{3}méi^{4}gei^{1}	怪味鸡
醉鸡	zêu^{3}gei^{1}	醉鸡
花雕鸡	fa^{1}diu^{1}gei^{1}	花雕鸡
贵妃鸡	guei^{3}féi^{1}gei^{1}	贵妃鸡
蚝油白鸡	hou^{6}yeo^{6}bag^{6}gei^{1}	蚝油白鸡
酱鸡	zêng^{3}gei^{1}	酱鸡
水晶鸡	sêu^{2}jing^{1}gei^{1}	水晶鸡
脆皮鸡	cêu^{3}péi^{4}gei^{1}	脆皮鸡
香酥鸡	hêng^{1}sou^{1}gei^{1}	香酥鸡
纸包鸡	ji^{2}bao^{1}gci^{1}	纸包鸡
八宝鸡	bad^{3}bou^{2}gei^{1}	八宝鸡
盐水鸡	yim^{4}sêu^{2}gei^{1}	盐水鸡
香辣手撕鸡	hêng^{1}lad^{6}seo^{2}xi^{1}gei^{1}	香辣手撕鸡
五香鸡	ng^{5}hêng^{1}gei^{1}	五香鸡
蒸滑鸡	jing^{1}wad^{6}gei^{1}	蒸滑鸡
卤水鸡	lou^{5}sêu^{2}gei^{1}	卤水鸡
甜酸鸡	tim^{4}xun^{1}gei^{1}	甜酸鸡
粉蒸鸡	fen^{2}jing^{1}gei^{1}	粉蒸鸡
荷叶鸡	ho^{6}yib^{6}gei^{1}	荷叶鸡
栗子鸡	lêd^{6}ji^{2}gei^{1}	栗子鸡
茶香鸡	ca^{4}hêng^{1}gei^{1}	茶香鸡
姜汁鸡	gêng^{1}zeb^{1}gei^{1}	姜汁鸡
目鱼炆鸡	mug^{6}yu^{4}men^{1}gei^{1}	目鱼炖鸡
冬菇炆鸡	dung^{1}gu^{1}men^{1}gei^{1}	冬菇炖鸡
拆骨鸡	cag^{3}gued^{1}gei^{1}	拆骨鸡
园林香液鸡	yun^{4}lem^{4}hêng^{1}yig^{6}gei^{1}	园林香液鸡
卤水鸡杂	lou^{5}sêu^{2}gei^{1}zab^{6}	卤水鸡杂

广州话	拼音	普通话
芙蓉鸡片	fu^{4}yung^{6}gei^{1}pin^2	芙蓉鸡片
宫爆鸡丁	gung^{1}bao^{3}gei^{1}ding^1	宫爆鸡丁
炒鸡丝	cao^{2}gei^{1}xi^1	炒鸡丝
红烧鸡块	hung^{4}xiu^{1}gei^{1}fai^3	红烧鸡块
生炒鸡丁	sang^{1}cao^{2}gei^{1}ding^1	生炒鸡丁
青椒鸡丝	céng^{1}jiu^{1}gei^{1}xi^1	青椒鸡丝
炸鸡卷	za^{3}gei^{1}gün^2	炸鸡卷
煎薄鸡片	jin^{1}bog^{6}gei^{1}pin^2	煎薄鸡片
云腿鸡片	wen^{6}têu^{2}gei^{1}pin^2	云腿鸡片
宫保鸡丁	gung^{1}bou^{2}gei^{1}ding^1	宫保鸡丁
油炸鸡块	yeo^{6}za^{3}gei^{1}fai^3	油炸鸡块
熏鸡	fen^{1}gei^1	熏鸡
油淋鸡	yeo^{6}lem^{4}gei^1	油淋鸡
糖醋鸡条	tong^{4}cou^{3}gei^{1}tiu^4	糖醋鸡条
松子鸡粒	cung^{4}ji^{2}gei^{1}leb^1	松子鸡粒
豉油鸡	xi^{4}yeo^{6}gei^1	豉油鸡
黄酒煨鸡	wong^{6}zeo^{2}wui^{1}gei^1	黄酒炭烤鸡
干炸春鸡	gon^{1}za^{3}cên^{1}gei^1	干炸春鸡
椒盐鸡	jiu^{1}yim^{4}gei^1	椒盐鸡
金钱鸡	gem^{1}qin^{4}gei^1	金钱鸡
叫花鸡	giu^{3}fa^{1}gei^1	叫花鸡
南京板鸭	nam^{4}ging^{1}ban^{2}ngab^3	南京板鸭
腊鸭	lab^{6}ngab^3	腊鸭
红烧全鸭	hung^{4}xiu^{1}qun^{4}ngab^3	红烧全鸭
脆皮八宝鸭	cêu^{3}péi^{4}bad^{3}bou^{2}ngab^3	脆皮八宝鸭
蚝油扒鸭	hou^{6}yeo^{6}pa^{6}ngab^3	蚝油扒鸭
酱鸭	zêng^{3}ngab^3	酱鸭

广州话	拼音	普通话
白斩鸭	bag^{6}zam^{2}ngab^{3}	白切鸭
香酥五仁鸭	hêng^{1}sou^{1}ng^{5}yen^{4}ngab^{3}	香酥五仁鸭
樟茶鸭	zêng^{1}ca^{4}ngab^{3}	樟茶鸭
鲜笋鸭片	xun^{1}sên^{2}ngab^{3}pin^{2}	鲜笋鸭片
葱油鸭块	cung^{1}yeo^{6}ngab^{3}fai^{3}	葱油鸭块
香菇扒鸭	hêng^{1}gu^{1}pa^{6}ngab^{3}	香菇扒鸭
麻辣野鸭	ma^{6}lad^{6}yé^{5}ngab^{3}	麻辣野鸭
五香鸭	ng^{5}hêng^{1}ngab^{3}	五香鸭
出水芙蓉鸭	cêd^{1}sêu^{2}fu^{4}yung^{4}ngab^{3}	出水芙蓉鸭
菠萝软鸭	bo^{1}lo^{4}yun^{5}ngab^{3}	菠萝软鸭
茄汁软鸭	ké^{2}zeb^{1}yun^{5}ngab^{3}	茄汁软鸭
芝麻鸭肝	ji^{1}ma^{6}ngab^{3}gon^{1}	芝麻鸭肝
卤水鸭翼	lou^{5}sêu^{2}ngab^{3}yig^{6}	卤水鸭翅膀
红糟鸭片	hung^{4}zou^{1}ngab^{3}pin^{2}	红糟鸭片
桂花鸭	guei^{3}fa^{1}ngab^{3}	桂花鸭
北京烧鸭	beg^{1}ging^{1}xiu^{1}ngab^{3}	北京烤鸭
盐水鸭	yim^{4}sêu^{2}ngab^{3}	盐水鸭
卤鸭	lou^{5}sêu^{2}ngab^{3}	卤水鸭
潮州卤水鹅	qiu^{4}zeo^{1}lou^{5}sêu^{2}ngo^{2}	潮州卤水鹅
烧鹅	xiu^{1}ngo^{2}	烤鹅
五香鹅	ng^{5}hêng^{1}ngo^{2}	五香鹅
脆皮火鹅	cêu^{3}péi^{4}fo^{2}ngo^{2}	脆皮火鹅
潮州烧雁鹅	qiu^{4}zeo^{1}xiu^{1}ngan^{4}ngo^{2}	潮州烤雁鹅
双拼片皮鹅	sêng^{1}ping^{3}pin^{3}péi^{4}ngo^{2}	双拼片皮鹅
白斩鹅	bag^{6}zam^{2}ngo^{2}	白切鹅
白灼鹅肠	bag^{6}zêg^{3}ngo^{2}cêng^{4}	白灼鹅肠
梅子脆皮鹅	mui^{4}ji^{2}cêu^{3}péi^{4}ngo^{2}	梅子脆皮鹅

广州话	拼音	普通话
红烧鹅掌	hung^{4}xiu^{1}ngo^{2}zêng^{2}	红烧鹅掌
香滑鹅肝	hêng^{1}wad^{6}ngo^{2}gon^{1}	香滑鹅肝
苹果酿鹅	ping^{4}guo^{2}yêng^{6}ngo^{2}	苹果酿鹅
红烧乳猪	hung^{4}xiu^{1}yu^{5}ju^{1}	红烧乳猪
糖醋排骨	tong^{4}cou^{3}pai^{4}gued^{1}	糖醋排骨
蜜汁叉烧	meg^{6}zeb^{1}ca^{1}xiu^{1}	蜜汁叉烧
榨菜炒肉丝	za^{3}coi^{3}cao^{2}yug^{6}xi^{1}	榨菜炒肉丝
酱爆肉丁	zêng^{3}bao^{3}yug^{6}ding^{1}	酱爆肉丁
南乳扣肉	nam^{4}yu^{5}keo^{3}yug^{6}	南乳扣肉
麻辣爽肚	ma^{6}lad^{6}song^{2}tou^{5}	麻辣肚片
卤水猪耳	lou^{5}sêu^{2}ju^{1}yi^{5}	卤水猪耳朵
炆猪脚	men^{1}ju^{1}gêg^{3}	炖猪蹄
豉油五花腩	xi^{6}yeo^{6}ng^{5}fa^{1}nam^{5}	酱油五花腩
芹菜肉片	ken^{4}coi^{3}yug^{6}pin^{2}	芹菜肉片
软炸猪排	yun^{5}za^{3}ju^{1}pai^{2}	软炸猪排
香菇炒肉丝	hêng^{1}gu^{1}cao^{2}yug^{6}xi^{1}	香菇炒肉丝
芝麻肉球	ji^{1}ma^{6}yug^{6}keo^{4}	芝麻肉球
宫爆肉丁	gung^{1}bao^{3}yug^{6}ding^{1}	宫爆肉丁
辣子肉丁	lad^{6}ji^{2}yug^{6}ding^{1}	辣子肉丁
菠萝香酥肉	bo^{1}lo^{4}hêng^{1}sou^{1}yug^{6}	菠萝香酥肉
青椒炒腊肉	céng^{1}jiu^{1}cao^{2}lab^{6}yug^{6}	青椒炒腊肉
油炸大肠	yeo^{6}za^{3}dai^{6}cêng$^{4-2}$	油炸大肠
白灼粉肠	bag^{6}zêg^{3}fen^{2}cêng$^{4-2}$	白灼粉肠
咕噜肉	gu^{1}lou^{1}yug^{6}	咕噜肉
滑肉片	wad^{6}yug^{6}pin^{2}	滑肉片
回锅肉	wui^{4}wo^{1}yug^{6}	回锅肉
腰果肉丁	yiu^{1}guo^{2}yug^{6}ding^{1}	腰果肉丁

广州话	拼音	普通话
熘猪展肉	leo^{4}ju^{1}jin^{2}yug^6	熘猪里脊肉
酱猪肚	zêng^{3}ju^{1}tou^5	酱猪肚
梅菜扣肉	mui^{4}coi^{3}keo^{3}yug^6	梅菜扣肉
坛子肉	tan^{6}ji^{2}yug^6	坛子肉
清蒸猪脑	qing^{1}jing^{1}ju^{1}nou^5	清蒸猪脑
蒜茸白肉	xun^{3}yung^{4}bag^{6}yug^6	蒜茸白肉
盐煎肉	yim^{4}jin^{1}yug^6	盐煎肉
走油肉	zeo^{2}yeo^{6}yug^6	走油肉
桂花肉	guei^{3}fa^{1}yug^6	桂花肉
软炸猪展肉	yun^{5}za^{3}ju^{1}jin^{2}yug^6	软炸猪里脊肉
粉蒸肉	fen^{2}jing^{1}yug^6	粉蒸肉
酱汁肉	zêng^{3}zeb^{1}yug^6	酱汁肉
神仙肉	sen^{4}xun^{1}yug^6	神仙肉
葱爆肉	cung^{1}bao^{3}yug^6	葱爆肉
红烧肉	hung^{4}xiu^{1}yug^6	红烧肉
鱼香肉片	yu^{4}hêng^{1}yug^{6}pin^2	鱼香肉片
椒盐排骨	jiu^{1}yim^{4}pai^{4}gued^1	椒盐排骨
炒腰片	cao^{2}yiu^{1}pin^2	炒腰片
熘猪润	leo^{4}ju^{1}yên^4	熘猪肝
炒脚筋	cao^{2}gêg^{3}gen^1	炒蹄筋
发财就手	fad^{3}coi^{4}zeo^{6}seo^2	发菜猪手
洋葱炒牛肉	yêng^{4}cung^{1}cao^{2}ngeo^{4}yug^6	洋葱炒牛肉
酱汁牛肉	zêng^{3}zeb^{1}ngeo^{4}yug^6	酱汁牛肉
生炒牛肉片	sang^{1}cao^{2}ngeo^{4}yug^{6}pin^2	生炒牛肉片
焗牛肉	gug^{6}ngeo^{4}yug^6	焖牛肉
罐头牛肉	gun^{3}teo^{6}ngeo^{4}yug^6	罐头牛肉
咖喱牛肉	ga^{3}lé^{1}ngeo^{4}yug^6	咖喱牛肉

广州话	拼音	普通话
青椒炒牛肉	céng1 jiu1 cao2 ngeo4 yug6	青椒炒牛肉
牛肉串	ngeo4 yug6 qun3	牛肉串
葱爆牛肉	cung1 bao3 ngeo4 yug6	葱爆牛肉
葱头牛肉丝	cung1 teo6 ngeo4 yug6 xi1	葱头牛肉丝
爆炒牛肉丁	bao3 cao2 ngeo4 yug6 ding1	爆炒牛肉丁
红烧牛肉丸	hung4 xiu1 ngeo4 yug6 yun2	红烧牛肉丸
油炸牛排	yeo6 za3 ngeo4 pai2	油炸牛排
豆瓣牛肉	deo6 ban6 ngeo4 yug6	豆瓣牛肉
豉汁牛肉	xi6 zeb1 ngeo4 yug6	豉汁牛肉
蚝油牛肉	hou6 yeo6 ngeo4 yug6	蚝油牛肉
花椒牛肉	fa1 jiu1 ngeo4 yug6	花椒牛肉
姜葱牛百叶	gêng1 cung1 ngeo4 bag3 yib6	姜葱牛百叶
萝卜炆牛腩	lo4 bag6 men1 ngeo4 nam5	萝卜炖牛腩
时菜炒牛肉	xi4 coi3 cao2 ngeo4 yug6	时菜炒牛肉
蒜茸牛柳	xun3 yung4 ngeo4 leo5	蒜茸牛柳
麻辣牛肉片	ma6 lad6 ngeo4 yug6 pin2	麻辣牛肉片
双冬牛肉	sêng1 dung1 ngeo4 yug6	双冬牛肉
五香牛肉	ng5 hêng1 ngeo4 yug6	五香牛肉
粉蒸牛肉	fen2 jing2 ngeo4 yug6	粉蒸牛肉
烩牛肉	wui4 ngeo4 yug6	烩牛肉
煨牛肉	wui1 ngeo4 yug6	炭烧牛肉
盐水牛肉	yim4 sêu2 ngeo4 yug6	盐水牛肉
炆牛肉	men1 ngeo4 yug6	炖牛肉
红烧牛肉	hung4 xiu1 ngeo4 yug6	红烧牛肉
清炆牛尾	qing1 men1 ngeo4 méi5	清炖牛尾
煎薄牛肉	jin1 bog6 ngeo4 yug6	煎薄牛肉
陈皮牛肉	cen4 péi4 ngeo4 yug6	陈皮牛肉

广州话	拼音	普通话
豆腐牛肉	deo^{6}fu^{6}ngeo^{4}yug^{6}	豆腐牛肉
卤牛肉	lou^{5}ngeo^{4}yug^{6}	卤牛肉
辣味牛肉	lad^{6}méi^{4}ngeo^{4}yug^{6}	辣味牛肉
红烧羊肉	hung^{4}xiu^{1}yêng^{4}yug^{6}	红烧羊肉
咖喱羊肉	ga^{3}lé^{1}yêng^{4}yug^{6}	咖喱羊肉
手抓羊肉	seo^{2}za^{1}yêng^{4}yug^{6}	手抓羊肉
清蒸羊肉	qing^{1}jing^{1}yêng^{4}yug^{6}	清蒸羊肉
白扣羊肉	bag^{6}keo^{3}yêng^{4}yug^{6}	白扣羊肉
葱爆羊肉	cung^{1}bao^{3}yêng^{4}yug^{6}	葱爆羊肉
芝麻羊肉	ji^{1}ma^{6}yêng^{4}yug^{6}	芝麻羊肉
盐水羊肉	yim^{4}sêu^{2}yêng^{4}yug^{6}	盐水羊肉
生炒羊肉片	sang^{1}cao^{2}yêng^{4}yug^{6}pin^{2}	生炒羊肉片
渌羊生	lug^{6}yêng^{4}sang^{1}	涮羊肉
烧羊肉丸	xiu^{1}yêng^{4}yug^{6}yun^{2}	烧羊肉丸
砂煲羊头	sa^{1}bou^{1}yêng^{4}teo^{6}	砂锅羊头
红烩羊肉	hung^{4}wui^{4}yêng^{4}yug^{6}	红烩羊肉
罐焗羊肉	gun^{3}gug^{6}yêng^{4}yug^{6}	罐焖羊肉
炆羊杂	men^{1}yêng^{4}zab^{6}	炖羊杂
红烧乳鸽	hung^{4}xiu^{1}yu^{5}gab^{3}	红烧乳鸽
五香鹌鹑	ng^{5}hêng^{1}ngem^{1}cên^{1}	五香鹌鹑
烧酿禾花雀	xiu^{1}yêng^{6}wo^{6}fa^{1}zêg$^{3-2}$	烧酿禾花雀
酥香鹌鹑	sou^{1}hêng^{1}ngem^{1}cên^{1}	酥香鹌鹑
炆鹧鸪	men^{1}zé^{3}gu^{1}	炖鹧鸪
炒鸽松	cao^{2}gab^{3}sung^{1}	炒鸽松
红烧兔肉	hung^{4}xiu^{1}tou^{3}yug^{6}	红烧兔肉
椒盐水蛇	jiu^{1}yim^{4}sêu^{2}sé^{6}	椒盐水蛇
五彩炒蛇丝	ng^{5}coi^{2}cao^{2}sé^{6}xi^{1}	五彩炒蛇丝

广州话	拼音	普通话
宫爆田鸡	gung1bao3tin4gei1	宫爆田鸡
酸烩火鸡	xun1wui4fo2gei1	酸烩火鸡
荷包蛋	ho6bao1dan2	荷包蛋
茶叶蛋	ca4yib6dan2	茶叶蛋
咸蛋	ham4dan2	咸蛋
皮蛋	péi4dan2	皮蛋
蒸水蛋	jing1sêu2dan2	蒸水蛋
卤水蛋	lou5sêu2dan2	卤水蛋
葱花蛋	cung1fa1dan2	葱花蛋
清炒蛋	qing1cao2dan2	清炒蛋
肉丝炒蛋	yug6xi1cao2dan2	肉丝炒蛋
番茄炒蛋	fan1ké2cao2dan2	西红柿炒蛋
煎蛋卷	jin1dan6gün2	煎蛋卷
水煮蛋	sêu2ju2dan2	水煮蛋
咸肉煎蛋	ham4yug6jin1dan2	咸肉煎蛋
牛肉洋葱蛋卷	ngeo4yug6yêng4cung1dan6gün2	牛肉洋葱蛋卷
鸡肉蛋卷	gei1yug6dan6gün2	鸡肉蛋卷
火腿煎蛋	fo2têu2jin1dan2	火腿煎蛋
辣味蛋卷	lad6méi4dan6gün2	辣味蛋卷
香肠炒蛋	hêng1cêng2cao2dan2	香肠炒蛋
素菜炒鸡蛋	sou3coi3cao2gei1dan2	素菜炒鸡蛋
酱蛋	zêng3dan2	酱蛋
泡蛋	pao3dan2	泡蛋
炒滑蛋	cao2wad6dan2	炒滑蛋
鸡肝炒蛋	gei1gon1cao2dan2	鸡肝炒蛋
腌肉蛋卷	yib3yug6dan6gün2	腌肉蛋卷
虾仁炒蛋	ha1yen4cao2dan2	虾仁炒蛋

广州话	拼音	普通话
炸蛋	za3 dan2	炸蛋
糖醋蛋	tong4 cou3 dan2	糖醋蛋

③河海鲜类

广州话	拼音	普通话
松子糖醋鱼	cung4 ji2 tong4 cou3 yu2	松子糖醋鱼
松鼠鲑鱼	cung4 xu2 guei1 yu2	松鼠鲑鱼
红烧鱼块	hung4 xiu1 yu4 fai3	红烧鱼块
生炒鱼片	sang1 cao2 yu4 pin2	生炒鱼片
铁扒鲑鱼	tid3 pa2 guei1 yu2	铁扒鲑鱼
酥炸鱼	sou1 za3 yu2	酥炸鱼
清蒸鲈鱼	qing1 jing1 lou4 yu2	清蒸鲈鱼
红烧桂鱼	hung4 xiu1 guei3 yu2	红烧桂鱼
家常黄鱼	ga1 sêng4 wong6 yu2	家常黄鱼
砂煲鱼头	sa1 bou1 yu4 teo6	砂锅鱼头
清蒸鲥鱼	qing1 jing1 xi4 yu2	清蒸鲥鱼
清炆水鱼	qing1 men1 sêu2 yu2	清炖甲鱼
芙蓉鱼柳	fu4 yung4 yu4 leo5	芙蓉鱼柳
红烧鱼嘴	hung4 xiu1 yu4 zêu2	红烧鱼唇
红烧鱼肚	hung4 xiu1 yu4 tou5	红烧鱼肚
鸡蓉鲍鱼	gei1 yung4 bao1 yu2	鸡蓉鲍鱼
熏鱼	fen1 yu2	熏鱼
黄鱼羹	wong6 yu4 geng1	黄鱼羹
锅鲇鱼	wo1 nim4 yu2	锅鲇鱼
豉汁石斑鱼	xi6 zeb1 ség6 ban1 yu2	豉汁石斑鱼
干烧青鱼	gon1 xiu1 céng1 yu2	干烧青鱼
干烧鳜鱼	gon1 xiu1 guei3 yu2	干烧鳜鱼
醋熘鱼片	cou3 leo4 yu4 pin2	醋熘鱼片

广州话	拼音	普通话
脆皮鱼	cêu^{3}péi^{4}yu^{2}	脆皮鱼
豆瓣鲫鱼	deo^{6}ban^{6}zed^{1}yu^{2}	豆瓣鲫鱼
白汁鳜鱼	bag^{6}zeb^{1}guei^{3}yu^{2}	白汁鳜鱼
葱烧鲫鱼	cung^{1}xiu^{1}zed^{1}yu^{2}	葱烧鲫鱼
水煮鱼	sêu^{2}ju^{2}yu^{2}	水煮鱼
青炒虾仁	céng^{1}cao^{2}ha^{1}yen^{4}	青炒虾仁
炒虾球	cao^{2}ha^{1}keo^{4}	炒虾球
干煎大虾	gon^{1}jin^{1}dai^{6}ha^{1}	干煎大虾
芙蓉虾仁	fu^{4}yung^{4}ha^{1}yen^{4}	芙蓉虾仁
炸虾球	za^{3}ha^{1}keo^{4}	炸虾球
广东龙虾	guong^{2}dung^{1}lung^{4}ha^{1}	广东龙虾
炒对虾	cao^{2}dêu^{3}ha^{1}	炒对虾
虾仁炆豆腐	ha^{1}yen^{4}men^{1}deo^{6}fu^{6}	虾仁炖豆腐
咖喱虾仁	ga^{3}lé^{1}ha^{1}yen^{4}	咖喱虾仁
火锅大虾	fo^{2}wo^{1}dai^{6}ha^{1}	火锅大虾
黄焗大虾	wong^{6}gug^{6}dai^{6}ha^{1}	黄焗大虾
红烧大虾	hung^{4}xiu^{1}dai^{6}ha^{1}	红烧大虾
白灼沙虾	bag^{6}zêg^{3}sa^{1}ha^{1}	白灼沙虾
青豆虾仁	céng^{1}deo^{6}ha^{1}yen^{4}	青豆虾仁
清蒸虾仁	qing^{1}jing^{1}ha^{1}yen^{4}	清蒸虾仁
软炸虾碌	yun^{5}za^{3}ha^{1}lug^{1}	软炸虾条
鲜菇虾仁	xun^{1}gu^{1}ha^{1}yen^{4}	鲜菇虾仁
鱼香大虾	yu^{4}hêng^{1}dai^{6}ha^{1}	鱼香大虾
盐水大虾	yim^{4}sêu^{2}dai^{6}ha^{1}	盐水大虾
油炸虾	yeo^{6}za^{3}ha^{1}	油炸虾
油焗大虾	yeo^{6}gug^{6}dai^{6}ha^{1}	油焖大虾
稣炸大虾	sou^{1}za^{3}dai^{6}ha^{1}	稣炸大虾

广州话	拼音	普通话
油泡虾丸	yeo6 pao3 ha1 yun2	油泡虾丸
木耳炒虾仁	mug6 yi5 cao2 ha1 yen4	木耳炒虾仁
水晶虾仁	sêu2 jing1 ha1 yen4	水晶虾仁
香汁龙虾	hêng1 zeb1 lung4 ha1	香汁龙虾
虾仁鱼翅	ha1 yen4 yu4 qi3	虾仁鱼翅
白灼海螺片	bag6 zêg3 hoi2 lo6 pin2	白灼海螺片
火腩焗大鳝	fo2 nam5 gug6 dai6 xin5	火腩焗大鳝
凉拌蜇皮	lêng4 bun3 jid3 péi4	凉拌蜇皮
红烧蟹	hung4 xiu1 hai5	红烧螃蟹
酥炸蟹盒	sou1 za3 hai5 heb6	酥炸蟹盒
脆炸生蚝	cêu3 za3 sang1 hou6	脆炸生蚝
芙蓉蟹片	fu6 yung4 hai5 pin2	芙蓉蟹片
清炒鳝背	qing1 cao2 xin5 bui3	清炒鳝背
炒鳝片	cao2 xin5 pin2	炒鳝片
鲍鱼海参	bao1 yu4 hoi2 sem1	鲍鱼海参
虾子扒海参	ha1 ji2 pa4 hoi2 sem1	虾子扒海参
咖喱鱿鱼	ga3 lé1 yeo6 yu2	咖喱鱿鱼
红扒鱼翅	hung4 pa4 yu4 qi3	红扒鱼翅
红烧海参	hung4 xiu1 hoi2 sem1	红烧海参
芙蓉干贝	fu4 yung4 gon1 bui3	芙蓉干贝
豆豉生蚝	deo6 xi6 sang1 hou6	豆豉生蚝
冬笋炒螺片	dung1 sên2 cao2 lo6 pin2	冬笋炒螺片
蛋笋煎干贝	dan6 sên2 jin1 gon1 bui3	蛋笋煎干贝
炒海蟹肉	cao2 hoi2 hai5 yug6	炒海蟹肉
白扒鲍鱼	bag6 pa4 bao1 yu2	白扒鲍鱼
豉汁蒸鱼腩	xi6 zeb1 jing1 yu4 nam5	豉汁蒸鱼腩
姜汁大肉蟹	gêng1 zeb1 dai6 yug6 hai5	姜汁大肉蟹
清蒸河蟹	qing1 jing1 ho6 hai5	清蒸河蟹

④蔬菜类

广州话	拼音	普通话
盐水菜心	yim^{4} sêu^{2} coi^{3} sem^{1}	盐水菜心
蚝油生菜	hou^{6} yeo^{6} sang^{1} coi^{3}	蚝油生菜
炒素什锦	cao^{2} sou^{3} zab^{6} gem^{2}	炒素什锦
冬菇菜花	dung^{1} gu^{1} coi^{3} fa^{1}	冬菇菜花
椒丝通菜	jiu^{1} xi^{1} tung^{1} coi^{3}	椒丝空心菜
蚝油冬菇	hou^{6} yeo^{6} dung^{1} gu^{1}	蚝油冬菇
鸡油冬笋	gei^{1} yeo^{6} dung^{1} sên^{2}	鸡油冬笋
姜汁扁豆	gêng^{1} zeb^{1} bin^{2} deo^{6}	姜汁扁豆
干煸四季豆	gon^{1} bin^{1} séi^{3} guei^{3} deo^{6}	干煸四季豆
蒜茸大白菜	xun^{3} yung^{4} dai^{6} bag^{6} coi^{3}	蒜茸大白菜
红烧豆腐	hung^{4} xiu^{1} deo^{6} fu^{6}	红烧豆腐
鱼香茄瓜	yu^{4} hêng^{1} ké^{2} gua^{1}	鱼香茄瓜
清炒甘蓝菜	qing^{1} cao^{2} gam^{1} lam^{4} coi^{3}	清炒甘蓝菜
干烧笋桃仁	gon^{1} xiu^{1} sên^{2} tou^{4} yen^{4}	干烧笋桃仁
白扒银耳豆苗	bag^{6} pa^{4} ngen^{4} yi^{5} deo^{6} miu^{4}	白扒银耳豆苗
八宝冬瓜	bad^{3} bou^{2} dung^{1} gua^{1}	八宝冬瓜
冬菇烧油菜	dung^{1} gu^{1} xiu^{1} yeo^{6} coi^{3}	冬菇烧油菜
油浸鲜菇	yeo^{6} zem^{3} xun^{1} gu^{1}	油浸鲜菇
酿青椒	yêng^{4} céng^{1} jiu^{1}	酿青椒
常汤西洋菜	sêng^{4} tong^{1} sei^{1} yêng^{4} coi^{3}	常汤西洋菜
百合炒西芹	bag^{3} heb^{6} cao^{2} sei^{1} ken$^{4-2}$	百合炒西芹
鸡蛋炒番茄	gei^{1} dan^{2} cao^{2} fan^{1} ké^{2}	鸡蛋炒西红柿
肉丝炒榨菜	yug^{6} xi^{1} cao^{2} za^{3} coi^{3}	肉丝炒榨菜
牛腩炆萝卜	ngeo^{4} nam^{5} men^{1} lo^{6} bag^{6}	牛腩炖萝卜
虾仔炒节瓜	ha^{1} zei^{2} cao^{2} jid^{3} gua^{1}	小虾炒节瓜
蒜茸胜瓜	xun^{3} yung^{4} xing^{3} gua^{1}	蒜茸丝瓜

广州话	拼音	普通话
灯笼椒	deng^{1}lung^{4}jiu^{1}	灯笼椒
豆芽	deo^{6}nga^{4}	豆芽
芥菜	gai^{3}coi^{3}	芥菜
洋葱	yêng^{4}cung^{1}	洋葱
蒜苗	xun^{3}miu^{4}	蒜苗
韭黄	geo^{2}wong^{6}	韭黄
菠菜	bo^{1}coi^{3}	菠菜
银耳	ngen^{4}yi^{5}	银耳
木耳	mug^{6}yi^{5}	木耳
芦笋	lou^{6}sên^{2}	芦笋
黄瓜	wong^{6}gua^{1}	黄瓜
冬瓜	dung^{1}gua^{1}	冬瓜
南瓜	nam^{4}gua^{1}	南瓜
卷心菜	gün^{2}sem^{1}coi^{3}	卷心菜
龙须菜	lung^{4}sou^{1}coi^{3}	龙须菜
凉瓜	lêng^{4}gua^{1}	苦瓜
大头菜	dai^{6}teo^{6}coi^{3}	大头菜
豆角	deo^{6}gog^{3}	豆角
黑大豆	hag^{1}dai^{6}deo$^{6-2}$	黑大豆
赤豆	cég^{3}deo$^{6-2}$	赤豆
黄豆	wong^{6}deo$^{6-2}$	黄豆
竹笋	zug^{1}sên^{2}	竹笋
芋头	wu^{6}teo^{6}	芋头
薯仔	xu^{6}zei^{2}	土豆
莲子	lin^{4}ji^{2}	莲子
枸杞	geo^{2}géi^{2}	枸杞
蒜心	xun^{3}sem^{1}	蒜心

广州话	拼音	普通话
淮山	wai⁶san¹	淮山
唛菜	meg¹coi³	唛菜

⑤汤类

广州话	拼音	普通话
紫菜蛋花汤	$ji^2coi^3dan^6fa^1tong^1$	紫菜蛋花汤
麻辣汤	$ma^6lad^6tong^1$	麻辣汤
酸辣汤	$xun^1lad^6tong^1$	酸辣汤
鱼头豆腐汤	$yu^4teo^6deo^6fu^6tong^1$	鱼头豆腐汤
凉瓜排滑汤	lêng⁴gua¹pai⁴gued¹tong¹	苦瓜排骨汤
上汤燕窝	sêng⁶tong¹yin³wo¹	上汤燕窝
什锦汤	$zab^6gem^2tong^1$	什锦汤
三鲜汤	$sam^1xun^1tong^1$	三鲜汤
干贝节瓜汤	$gon^1bui^3jid^3gua^1tong^1$	干贝节瓜汤
牛肉蔬菜汤	$ngeo^4yug^6so^1coi^3tong^1$	牛肉蔬菜汤
三丝汤	$sam^1xi^1tong^1$	三丝汤
肉片菜心汤	$yug^6pin^2coi^3sem^1tong^1$	肉片菜心汤
鸡杂汤	$gei^1zab^6tong^1$	鸡杂汤
香菇清鸡汤	hêng¹gu¹qing¹gei¹tong¹	香菇清鸡汤
清汤八珍	$qing^1tong^1bad^3zeng^1$	清汤八珍
牛肉番茄汤	ngeo⁴yug⁶fan¹ké²tong¹	牛肉西红柿汤
时菜生鱼片汤	$xi^4coi^3sang^1yu^4pin^2tong^1$	时菜生鱼片汤
冬虫草水鸭汤	dung¹cung⁴cou²sêu²ngab³tong¹	冬虫草水鸭汤
花旗参竹丝鸡汤	fa¹kéi⁴sem¹zug¹xi¹gei¹tong¹	花旗参乌鸡汤
咖喱鸡丁汤	ga³lé¹gei¹ding¹tong¹	咖喱鸡丁汤
酸菜鱿鱼汤	$xun^1coi^3yeo^6yu^4tong^1$	酸菜鱿鱼汤
龙凤羹	$lung^4fung^4geng^1$	龙凤羹
水鱼汤	sêu²yu⁴tong¹	水鱼汤

广州话	拼音	普通话
紫菜虾米汤	ji^{2} coi^{3} ha^{1} mei^{5} tong^{1}	紫菜虾米汤
胡椒猪肚汤	wu^{6} jiu^{1} ju^{1} tou^{5} tong^{1}	胡椒猪肚汤
鸭骨汤	ngab^{3} gued^{1} tong^{1}	鸭骨汤
羊肉汤	yêng^{4} yug^{6} tong^{1}	羊肉汤
牛尾汤	ngeo^{4} méi^{5} tong^{1}	牛尾汤
时菜猪润汤	xi^{4} coi^{3} ju^{1} yên^{4} tong^{1}	时菜猪肝汤
鱼丸汤	yu^{4} yun^{2} tong^{1}	鱼丸汤
肉碎蚝肉汤	yug^{6} sui^{3} hou^{6} yug^{6} tong^{1}	肉碎蚝肉汤
鲍鱼鸡片汤	bao^{1} yu^{4} gei^{1} pin^{2} tong^{1}	鲍鱼鸡片汤
北菇炆鸡汤	beg^{1} gu^{1} men^{1} gei^{1} tong^{1}	北菇炖鸡汤
蟹肉鱼翅汤	hai^{5} yug^{6} yu^{4} qi^{3} tong^{1}	蟹肉鱼翅汤
螺头凤爪汤	lo^{6} teo^{6} fung^{6} zao^{2} tong^{1}	螺头凤爪汤
鸡茸粟米汤	gei^{1} yung^{4} sug^{1} mei^{5} tong^{1}	鸡茸粟米汤
红鱼汤	hung^{4} yu$^{4-2}$ tong^{1}	红鱼汤

⑥主食、点心及甜品类

广州话	拼音	普通话
白饭	bag^{6} fan^{4}	白饭
炒饭	cao^{2} fan^{4}	炒饭
糯米饭	no^{6} mei^{5} fan^{4}	糯米饭
大米粥	dai^{6} mei^{5} zug^{1}	大米粥
小米粥	xiu^{2} mei^{5} zug^{1}	小米粥
炒面	cao^{2} min^{4}	炒面
拉面	lai^{1} min^{4}	拉面
杯面	bui^{1} min^{4}	杯面
担担面	dam^{1} dam^{1} min^{4}	担担面
长寿面	cêng^{4} seo^{6} min^{4}	长寿面
挂面	gua^{3} min^{4}	挂面

广州话	拼音	普通话
炒粉	cao^{2}fen^{2}	炒粉
炒河粉	cao^{2}ho^{2}fen^{2}	炒河粉
炒米粉	cao^{2}mei^{5}fen^{2}	炒米粉
粉丝	fen^{2}xi^{1}	粉丝
米线	mei^{5}xin^{3}	米线
饺子	gao^{2}ji^{2}	饺子
云吞	wen^{6}ten^{1}	馄饨
汤圆	tong^{1}yun$^{4-2}$	汤圆
馒头	man^{6}teo^{6}	馒头
年糕	nin^{4}gou^{1}	年糕
萝卜糕	lo^{6}bag^{6}gou^{1}	萝卜糕
面包	min^{4}bao^{1}	面包
煎饼	jin^{1}béng^{2}	煎饼
炒饼	cao^{2}béng^{2}	炒饼
葱油饼	cung^{1}yeo^{6}béng^{2}	葱油饼
烧饼	xiu^{1}béng^{2}	烧饼
甜饼	tim^{4}béng^{2}	甜饼
叉烧包	ca^{1}xiu^{1}bao^{1}	叉烧包
虾饺	ha^{1}gao^{2}	虾饺
榴莲酥	leo^{4}lin^{4}sou^{1}	榴莲酥
脆皮春卷	cêu^{3}péi^{4}cên^{1}gün^{2}	脆皮春卷
烧卖	xiu^{1}mai^{6}	烧卖
马蹄糕	ma^{5}tei^{6}gou^{1}	马蹄糕
千层糕	qin^{1}cen^{4}gou^{1}	千层糕
窝窝头	wo^{1}wo^{1}teo^{6}	窝窝头
芝麻饼	ji^{1}ma^{6}béng^{2}	芝麻饼
油炸鬼	yeo^{6}za^{3}guei^{2}	油条

广州话	拼音	普通话
炸花卷	za^{3}fa^{1}gün^{2}	炸花卷
粽	zung^{2}	粽子
月饼	yud^{6}béng^{2}	月饼
冰糖绿豆沙	bing^{1}tong^{4}lug^{6}deo^{6}sa^{1}	冰糖绿豆沙
白果莲子	bag^{6}guo^{2}lin^{4}ji^{2}	白果莲子
银耳莲心	ngen^{4}yi^{5}lin^{4}sem^{1}	银耳莲心
莲子百合	lin^{4}ji^{2}bag^{3}heb^{6}	莲子百合
菠萝三色冻	bo^{1}lo^{6}sam^{1}xig^{1}dung^{3}	菠萝三色冻
鲜奶雪耳	xun^{1}nai^{5}xud^{3}yi^{5}	鲜奶雪耳
拔丝苹果	bag^{6}xi^{1}ping^{4}guo^{2}	拔丝苹果
果冻	guo^{2}dung^{3}	果冻
桂花白果	guei^{3}fa^{1}bag^{6}guo^{2}	桂花白果
莲子红豆沙	lin^{4}ji^{2}hung^{4}deo^{6}sa^{1}	莲子红豆沙
香滑芝麻糊	hêng^{1}wad^{6}ji^{1}ma^{6}wu$^{6-2}$	香滑芝麻糊
小米红豆羹	xiu^{2}mei^{5}hung^{4}deo^{6}geng^{1}	小米红豆羹
芝麻汤圆	ji^{1}ma^{6}tong^{1}yun^{4}	芝麻汤圆
八宝粥	bad^{3}bou^{2}zug^{1}	八宝粥
荔浦芋角	lei^{4}pou^{2}wu^{6}gog^{3}	荔浦芋角
什果豆腐花	zab^{6}guo^{2}deo^{6}fu^{4}fa^{1}	什果豆腐花
珍珠麻圆	zeng^{1}ju^{1}ma^{6}yun^{2}	珍珠麻圆
冰镇果羹	bing^{1}zen^{3}guo^{2}geng^{1}	冰镇果羹
豆浆	deo^{6}zêng^{1}	豆浆
西瓜盅	sei^{1}gua^{1}zung^{1}	西瓜盅

⑦酒水类

广州话	拼音	普通话
五粮液酒	ng^{5}lêng^{4}yig^{6}zeo^{2}	五粮液酒
茅台酒	mao^{6}toi^{4}zeo^{2}	茅台酒

广州话	拼音	普通话
贵州醇酒	guei3 zeo1 sên6 zeo2	贵州醇酒
剑南春酒	gim3 nam4 cên1 zeo2	剑南春酒
诸葛酿酒	ju1 gog3 yêng4 zeo2	诸葛酿酒
稻花香酒	dou6 fa1 hêng1 zeo2	稻花香酒
尖庄酒	jim1 zong1 zeo2	尖庄酒
口子酒	heo2 ji2 zeo2	口子酒
五加皮酒	ng5 ga1 péi4 zeo2	五加皮酒
特曲酒	dad6 kug1 zeo2	特曲酒
四特酒	séi3 dad6 zeo2	四特酒
莲花白酒	lin4 fa1 bag6 zeo2	莲花白酒
郎泉酒	long4 qun4 zeo2	郎泉酒
二曲酒	yi6 kug1 zeo2	二曲酒
汾酒	fen4 zeo2	汾酒
古井贡酒	gu2 zéng2 gung3 zeo2	古井贡酒
高粱酒	gou1 lêng4 zeo2	高粱酒
二锅头酒	yi6 wo1 teo6 zeo2	二锅头酒
黄鹤楼酒	wong6 hog6 leo4 zeo2	黄鹤楼酒
竹叶青酒	zug1 yib6 céng1 zeo2	竹叶青酒
孔府家酒	hung2 fu2 ga1 zeo2	孔府家酒
沱牌曲酒	to4 pai4 kug1 zeo2	沱牌曲酒
洋河大曲酒	yêng4 ho6 dai6 kug1 zeo2	洋河大曲酒
杏花村酒	hen4 fa1 qun1 zeo2	杏花村酒
双蒸酒	sêng1 jing1 zeo2	双蒸酒
糯米甜酒	no6 mei5 tim4 zeo2	糯米甜酒
桂花陈酒	guei3 fa1 cen4 zeo2	桂花陈酒
补酒	bou2 zeo2	补酒
三鞭补酒	sam1 bin1 bou2 zeo2	三鞭补酒

广州话	拼音	普通话
十全大补酒	seb6 qun4 dai6 bou2 zeo2	十全大补酒
人参灵芝大补酒	yen4 sem1 ling6 ji1 dai6 bou2 zeo2	人参灵芝大补酒
劲酒	ging4 zeo2	劲酒
李时珍酒	léi5 xi4 zeng1 zeo2	李时珍酒
三宝酒	sam1 bou2 zeo2	三宝酒
三蛇酒	sam1 sé6 zeo2	三蛇酒
参杞补酒	sem1 géi2 bou2 zeo2	参杞补酒
参芪酒	sem1 kéi4 zeo2	参芪酒
蚕蛾公补酒	cam6 ngo6 gung1 bou2 zeo2	蚕蛾公补酒
龟龙酒	guei1 lung4 zeo2	龟龙酒
龟鹿酒	guei1 lug6 zeo2	龟鹿酒
龟茸酒	guei1 yung4 zeo2	龟茸酒
葡萄酒	pou6 tou6 zeo2	葡萄酒
干红葡萄酒	gon1 hung4 pou6 tou6 zeo2	干红葡萄酒
干白葡萄酒	gon1 bag6 pou6 tou6 zeo2	干白葡萄酒
玫瑰香葡萄酒	mui4 guei3 hêng1 pou6 tou6 zeo2	玫瑰香葡萄酒
通化葡萄酒	tung1 fa3 pou6 tou6 zeo2	通化葡萄酒
皇朝白葡萄酒	wong4 qiu4 bag6 pou6 tou6 zeo2	皇朝白葡萄酒
哈尔滨啤酒	ha1 yi5 ben1 bé1 zeo2	哈尔滨啤酒
青岛啤酒	qing1 dou2 bé1 zeo2	青岛啤酒
珠江啤酒	ju1 gong1 bé1 zeo2	珠江啤酒
蓝带啤酒	lam4 dai2 bé1 zeo2	蓝带啤酒
生力啤酒	sang1 lig6 bé1 zeo2	生力啤酒
活力啤酒	wud6 lig6 bé1 zeo2	活力啤酒
金威啤酒	gem1 wei1 bé1 zeo2	金威啤酒
燕京啤酒	yin3 ging1 bé1 zeo2	燕京啤酒
喜力啤酒	héi2 lig6 bé1 zeo2	喜力啤酒

广州话	拼音	普通话
香槟酒	hêng^{1}ben^{1}zeo^2	香槟酒
天地一号	tin^{1}déi^{4}yed^{1}hou^6	天地一号
苹果醋	ping^{4}guo^{2}cou^3	苹果醋
饮料	yem^{2}liu^4	饮料
果汁	guo^{2}zeb^1	果汁
冰红茶	bing^{1}hung^{4}ca^4	冰红茶
冰绿茶	bing^{1}lug^{6}ca^4	冰绿茶
雪碧	xud^{3}big^1	雪碧
可口可乐	ho^{2}heo^{2}ho^{2}log^6	可口可乐
菊花茶	gug^{1}fa^{1}ca^4	菊花茶
奶茶	nai^{5}ca^4	奶茶
凉茶	lêng^{4}ca^4	凉茶
汽水	héi^{3}sêu^2	汽水
矿泉水	kong^{3}qun^{4}sêu^2	矿泉水
柠檬茶	ning^{4}mung^{1}ca^4	柠檬茶
酸奶	xun^{1}nai^5	酸奶
纯牛奶	sên^{4}ngeo^{4}nai^5	纯牛奶
茉莉花茶	mud^{6}léi^{4}fa^{1}ca^4	茉莉花茶
冰水	bing^{1}sêu^2	冰水
滚水	guen^{2}sêu^2	开水
人参茶	yen^{4}sem^{1}ca^4	人参茶
牛奶乐口福	ngeo^{4}nai^{5}log^{6}heo^{2}fug^1	牛奶乐口福
香草奶昔	hêng^{1}cou^{2}nai^{5}xig^1	香草奶昔

⑧水果类

广州话	拼音	普通话
苹果	ping^{4}guo^2	苹果
梨	léi^2	梨子

广州话	拼音	普通话
龙眼	lung^{4}ngan^{5}	龙眼
荔枝	lei^{4}ji^{1}	荔枝
芒果	mong^{1}guo^{2}	芒果
菠萝	bo^{1}lo^{6}	菠萝
葡萄	pou^{6}tou^{6}	葡萄
榴莲	leo^{4}lin^{4}	榴莲
柚	yeo^{2}	柚子
士多啤梨	xi^{6}do^{1}bé^{1}léi$^{4-2}$	草莓
香蕉	hêng^{1}jiu^{1}	香蕉
哈密瓜	ha^{1}meg^{6}gua^{1}	哈密瓜
西瓜	sei^{1}gua^{1}	西瓜
柠檬	ning^{4}mung^{1}	柠檬
番石榴	fan^{1}ség^{6}leo^{4}	番石榴
番木瓜	fan^{1}mug^{6}gua^{1}	番木瓜
核桃	hed^{6}tou^{4}	核桃
黄皮果	wong^{6}péi^{4}guo^{2}	黄皮果
水蜜桃	sêu^{2}meg^{6}tou^{4}	水蜜桃
桔	ged^{1}	桔子
柑	gam^{1}	柑子
枇杷	péi^{4}pa^{4}	枇杷
蟠桃	fan^{1}tou^{4}	蟠桃
青梅	céng^{1}mui^{4}	青梅
奇异果	kéi^{4}yi^{6}guo^{2}	奇异果
海棠果	hoi^{2}tong^{6}guo^{2}	海棠果
杨梅	yêng^{4}mui^{4}	杨梅
甘蔗	gam^{1}zé^{3}	甘蔗
柿	qi^{5}	柿子
圣女果	xing^{3}nêu^{5}guo^{2}	圣女果

广州话	拼音	普通话
山楂	$san^{1}za^{1}$	山楂
甜瓜	$tim^{4}gua^{1}$	甜瓜
香瓜	$hêng^{1}gua^{1}$	香瓜
无花果	$mou^{6}fa^{1}guo^{2}$	无花果
杏	hen^{4}	杏
椰子	$yé^{6}ji^{2}$	椰子
樱桃	$ying^{1}tou^{4}$	樱桃
火龙果	$fo^{2}lung^{4}guo^{2}$	火龙果
槟榔	$ben^{1}long^{4}$	槟榔

(2) 西菜菜单

①西式早餐类

广州话	拼音	普通话
鸡肝咸肉	$gei^{1}gon^{1}ham^{4}yug^{6}$	鸡肝咸肉
鸡蛋加熏肉	$gei^{1}dan^{2}ga^{1}fen^{1}yug^{6}$	鸡蛋加熏肉
火腿	$fo^{2}têu^{2}$	火腿
香肠	$hêng^{1}cêng^{2}$	香肠
火腿蛋卷	$fo^{2}têu^{2}dan^{6}gün^{2}$	火腿蛋卷
法式吐司	$fad^{3}xig^{1}tou^{3}xi^{1}$	法式吐司
糖油夹饼	$tong^{4}yeo^{6}gab^{6}béng^{2}$	糖油夹饼
碎鸡肉卷	$sui^{3}gei^{1}yug^{6}gün^{2}$	碎鸡肉卷
牛奶麦片	$ngeo^{4}nai^{5}meg^{6}pin^{2}$	牛奶麦片
小红肠	$xiu^{2}hung^{4}cêng^{2}$	小红肠
水煮蛋	$sêu^{2}ju^{2}dan^{2}$	水煮蛋
牛角包	$ngeo^{4}gog^{3}bao^{1}$	牛角包
咸肉蛋	$ham^{4}yug^{6}dan^{2}$	咸肉蛋
麦片粥	$meg^{6}pin^{2}zug^{1}$	麦片粥

广州话	拼音	普通话
果酱甜品	guo2 zêng3 tim4 ben2	果酱甜品
芝士	ji1 xi2	乳酪
果汁	guo2 zeb1	果汁
热可可	yid6 ho2 ho2	热可可
热咖啡	yid6 ga3 fé1	热咖啡
鲜牛奶	xun1 ngeo4 nai5	鲜牛奶

②冷盘类

广州话	拼音	普通话
什锦冷肉	zab6 gem2 lang5 yug6	什锦冷肉
冷羊肉	lang5 yêng4 yug6	冷羊肉
冷牛肉	lang5 ngeo4 yug6	冷牛肉
冷火腿	lang5 fo2 têu2	冷火腿
七彩拼冷盘	ced1 coi2 ping3 lang5 pun4	七彩拼冷盘
大红肠	dai6 hung4 cêng2	大红肠
红鱼子	hung4 yu4 ji2	红鱼子
冷鲍鱼	lang5 bao1 yu2	冷鲍鱼
冷醋鱼	lang5 cou3 yu2	冷醋鱼
什锦肉色拉	zab6 gem2 yug6 xig1 lai1	什锦肉色拉
鸡色拉	gei1 xig1 lai1	鸡色拉
明虾色拉	ming6 ha1 xig1 lai1	明虾色拉
鱼片色拉	yu4 pin2 xig1 lai1	鱼片色拉
蟹肉色拉	hai5 yug6 xig1 lai1	蟹肉色拉

③小食类

广州话	拼音	普通话
什锦开胃	zab6 gem2 hoi1 wei6	什锦开胃
什锦冰水果	zab6 gem2 bing1 sêu2 guo2	什锦冰水果

广州话	拼音	普通话
冰镇蔬菜汁	bing1 zen3 so1 coi3 zeb1	冰镇蔬菜汁
蟹肉开胃品	hai5 yug6 hoi1 wei6 ben2	蟹肉开胃品
酸奶油拌鲭鱼	xun1 nai5 yeo6 bun3 qing1 yu2	酸奶油拌鲭鱼
龙虾开胃品	lung4 ha1 hoi1 wei6 ben2	龙虾开胃品
葡萄柚开胃品	pou6 tou6 yeo6 hoi1 wei6 ben2	葡萄柚开胃品
鲜虾开胃品	xun1 ha1 hoi1 wei6 ben2	鲜虾开胃品
法国鹅肝酱	fad3 guog3 ngo2 gon2 zêng3	法国鹅肝酱
烟熏鲈鱼	yin1 fen1 lou4 yu2	烟熏鲈鱼
酸鲱鱼	xun1 féi1 yu2	酸鲱鱼
番茄汁开胃品	fan1 ké2 zeb1 hoi1 wei6 ben2	西红柿汁开胃品
宝塔山	bou2 tab3 san1	宝塔山
俄国黑鱼子	ngo4 guog3 hag1 yu4 ji2	俄国黑鱼子

④禽畜类

广州话	拼音	普通话
奶油鸡	nai5 yeo6 gei1	奶油鸡
铁扒春鸡	tid3 pa2 cên1 gei1	铁扒春鸡
烧嫩鸡	xiu1 nün4 gei1	烧嫩鸡
红烩鸡	hung4 wui4 gei1	红烩鸡
麦年鸡	meg6 nin4 gei1	麦年鸡
烧刦鸡	xiu1 xin3 gei1	烧阉鸡
焗鸡	gug6 gei1	焖鸡
炸鸡扒	za3 gei1 pa2	炸鸡扒
白脱鸡卷	bag6 tüd3 gei1 gün2	白脱鸡卷
黄油鸡卷	wong6 yeo6 gei1 gün2	黄油鸡卷
马里兰炸鸡	ma5 léi5 lan4 za3 gei1	马里兰炸鸡
奶汁鸡排	nai5 zeb1 gei1 pai2	奶汁鸡排
奶油咖喱鸡	nai5 yeo6 ga3 léi1 gei1	奶油咖喱鸡

广州话	拼音	普通话
果汁鸡脯	guo2 zeb1 gei1 pou2	果汁鸡脯
椰子蒸鸡	yé6 ji2 jing1 gei1	椰子蒸鸡
奶汁鸡丝	nai5 zeb1 gei1 xi1	奶汁鸡丝
四式扒鸭	séi3 xig1 pa4 ngab3	四式扒鸭
牛油焗鸭	ngeo4 yeo6 gug6 ngab3	牛油焖鸭
法国橙烩鸭	fad3 guog3 cang2 wui4 ngab3	法国橙烩鸭
酒蒸肥鸭	zeo2 jing1 féi4 ngab3	酒蒸肥鸭
茄汁软鸭	ké2 zeb1 yun5 ngab3	茄汁软鸭
葱头牛排	cung1 teo6 ngeo4 pai2	葱头牛排
吉力牛排	ged1 lig6 ngeo4 pai2	吉力牛排
明治牛排	ming6 ji4 ngeo4 pai2	明治牛排
沙朗牛排	sa1 long5 ngeo4 pai2	沙朗牛排
德国牛排	deg1 guog3 ngeo4 pai2	德国牛排
烧乳牛肉	xiu1 yu5 ngeo4 yug6	烤乳牛肉
烧小牛腿	xiu1 xiu2 ngeo4 têu2	烧小牛腿
黄油焗羊肉	wong6 yeo6 gug6 yêng4 yug6	黄油焖羊肉
烧羊腿	xiu1 yêng4 têu2	烧羊腿
铁扒羊扒	tid3 pa2 yêng4 pa2	铁扒羊扒
烩羊肉	wui4 yêng4 yug6	烩羊肉
牛排托蛋	ngeo4 pai2 tog3 dan2	牛排托蛋
串烧牛肉	qun3 xiu1 ngeo4 yug6	串烤牛肉
扒牛柳洋葱	pa4 ngeo4 leo5 yêng4 cung1	扒牛柳洋葱
奶油牛柳	nai5 yeo6 ngeo4 leo5	奶油牛柳
茄汁牛肉饼	ké2 zeb1 ngeo4 yug6 béng2	茄汁牛肉饼
汉堡牛排	hon3 bou2 ngeo4 pai2	汉堡牛排

广州话	拼音	普通话
小牛肉火腿卷	xiu2 ngeo4 yug6 fo2 têu2 gün2	小牛肉火腿卷
烧猪腿	xiu1 ju1 têu2	烧猪腿
蛋煎猪排	dan2 jin1 ju1 pai2	蛋煎猪排
火腿夹猪排	fo2 têu2 gab6 ju1 pai2	火腿夹猪排
火腿排	fo2 têu2 pai2	火腿排
比吉打猪肉	béi2 ged1 da2 ju1 yug6	比吉打猪肉
黄油猪肉卷	wong6 yeo6 ju1 yug6 gün2	黄油猪肉卷
色拉米香肠	xig1 lai1 mei5 hêng1 cêng2	色拉米香肠

⑤海鲜类

广州话	拼音	普通话
奶煎桂鱼	nai5 jin1 guei3 yu2	奶煎桂鱼
白烩鱼	bag6 wui4 yu2	白烩鱼
菠菜烧鱼	bo1 coi3 xiu1 yu2	菠菜烤鱼
番茄烧鱼	fan1 ké2 xiu1 yu2	西红柿烤鱼
芝士烧鱼	ji1 xi2 xiu1 yu2	乳酪烤鱼
柠檬炸鱼饼	ning4 mung1 za3 yu4 béng2	柠檬炸鱼饼
蛋煎鱼	dan2 jin1 yu2	蛋煎鱼
蛋煎明虾	dan2 jin1 ming6 ha1	蛋煎明虾
扒鲍鱼	pa4 bao1 yu2	扒鲍鱼
法国炆鱼	fad3 guog3 men1 yu2	法国炖鱼
蛋汁白煮鱼	dan2 zeb1 bag6 ju2 yu2	蛋汁白煮鱼
芝士烧蟹	ji1 xi2 xiu1 hai5	乳酪烤蟹
扒鲍龙须	pa4 bao1 lung4 sou1	扒鲍龙须
煎鱼配酸豆	jin1 yu2 pui3 xun1 deo6	煎鱼配酸豆
奶油汁扒鱼	nai5 yeo6 zeb1 pa4 yu2	奶油汁扒鱼
番茄虾仁	fan1 ké2 ha1 yen4	西红柿虾仁
虾子扒海参	ha1 ji2 pa4 hoi2 sem1	虾子扒海参

⑥汤类

广州话	拼音	普通话
奶油鱼汤	nai5 yeo6 yu4 tong1	奶油鱼汤
鸡肉茶	gei1 yug6 ca4	鸡肉茶
牛肉茶	ngeo4 yug6 ca4	牛肉茶
鸡汤面条	gei1 tong1 min4 tiu4	鸡汤面条
素菜清汤	sou3 coi3 qing1 tong1	素菜清汤
香露苹果	hêng1 lou6 ping4 guo2	香露苹果
甜菜汤	tim4 coi3 tong1	甜菜汤
法国肉汤	fad3 guog3 yug6 tong1	法国肉汤
鸡奶油汤	gei1 nai5 yeo6 tong1	鸡奶油汤
辣豆汤	lad6 deo6 tong1	辣豆汤
鸡丝火腿汤	gei1 xi1 fo2 têu2 tong1	鸡丝火腿汤
奶油玉米汤	nai5 yeo6 yug6 mei5 tong1	奶油玉米汤
奶油蟹肉汤	nai5 yeo6 hai5 yug6 tong1	奶油蟹肉汤
咖喱鸡丁汤	ga3 léi1 gei1 ding1 tong1	咖喱鸡丁汤
炸面包粒汤	za3 min4 bao1 leb1 tong1	炸面包粒汤
奶油菠菜汤	nai5 yeo6 bo1 coi3 tong1	奶油菠菜汤
法式洋葱汤	fad3 xig1 yêng4 cung1 tong1	法式洋葱汤
意大利菜汤	yi3 dai6 léi4 coi3 tong1	意大利菜汤
白菌奶油汤	bag6 kuen2 nai5 yeo6 tong1	白菌奶油汤
罗宋汤	lo6 sung3 tong1	罗宋汤
蛋黄汤	dan6 wong6 tong1	蛋黄汤
蛋丝清汤	dan6 xi1 qing1 tong1	蛋丝清汤
清炆鸡汤	qing1 men1 gei1 tong1	清炖鸡汤
乡村浓汤	hêng1 qun1 nung4 tong1	乡村浓汤
薯蓉汤	xu4 yung4 tong1	土豆蓉汤
素菜浓汤	sou3 coi3 nung4 tong1	素菜浓汤
甜芙蓉燕窝汤	tim4 fu6 yung4 yin3 wo1 tong1	甜芙蓉燕窝汤

⑦主食类及甜品

广州话	拼音	普通话
香肠三文治	hêng^{1}cêng^{2}sam^{1}men^{4}ji^{4}	香肠三明治
芝士三文治	ji^{1}xi^{2}sam^{1}men^{4}ji^{4}	乳酪三明治
火腿蛋三文治	fo^{2}têu^{2}dan^{2}sam^{1}men^{4}ji^{4}	火腿蛋三明治
牛奶面包	ngeo^{4}nai^{5}min^{4}bao^{1}	牛奶面包
奶油面包卷	nai^{5}yeo^{6}min^{4}bao^{1}gün^{2}	奶油面包卷
美国白面包	méi^{5}guog^{3}bag^{6}min^{4}bao^{1}	美国白面包
葡萄干面包	pou^{6}tou^{6}gon^{1}min^{4}bao^{1}	葡萄干面包
花卷面包	fa^{1}gün^{2}min^{4}bao^{1}	花卷面包
小甜包	xiu^{2}tim^{4}bao^{1}	小甜包
法式牛角包	fad^{3}xig^{1}ngeo^{4}gog^{3}bao^{1}	法式牛角包
长面包	cêng^{4}min^{4}bao^{1}	长面包
汉堡包	hon^{3}bou^{2}bao^{1}	汉堡包
果酱包	guo^{2}zêng^{3}bao^{1}	果酱包
印度烙饼	yen^{3}dou^{6}log^{3}béng^{2}	印度烙饼
意大利馅饼	yi^{3}dai^{6}léi^{4}hem^{2}béng^{2}	意大利馅饼
苹果馅饼	ping^{4}guo^{2}hem^{2}béng^{2}	苹果馅饼
奶油蛋糕	nai^{5}yeo^{6}dan^{6}gou^{1}	奶油蛋糕
热狗	yid^{6}geo^{2}	热狗

⑧酒水类

广州话	拼音	普通话
白兰地	bag^{6}lan$^{4-1}$déi$^{4-2}$	白兰地
威士忌	wei^{1}xi^{6}géi^{4}	威士忌
陈酒	cen^{4}zeo^{2}	陈酒
砵酒	bud^{6}zeo^{2}	砵酒
伏特加酒	fug^{6}dad^{6}ga^{1}zeo^{2}	伏特加酒
干邑	gon^{1}yeb^{1}	干邑

广州话	拼音	普通话
鸡尾酒	gei^{1} méi^{5} zeo^{2}	鸡尾酒
苦艾酒	fu^{2} ngai^{6} zeo^{2}	苦艾酒
老伯威	lou^{5} bag^{3} wei^{1}	老伯威
利口酒	léi^{4} heo^{2} zeo^{2}	利口酒
马爹利	ma^{5} dé^{1} léi$^{4-2}$	马爹利
马天尼	ma^{5} tin^{1} néi^{4}	马天尼
金酒	gem^{1} zeo^{2}	金酒
轩尼诗	hin^{1} néi^{4} xi^{1}	轩尼诗
雪利酒	xud^{3} léi^{4} zeo^{2}	雪利酒
人头马	yen^{4} teo^{6} ma^{5}	人头马
太阳神	tai^{3} yêng^{4} sen^{4}	太阳神
血玛莉	hüd^{3} ma^{5} léi^{4}	血玛莉
力加	lig^{6} ga^{1}	力加
玛加利达	ma^{5} ga^{1} léi^{4} dad^{6}	玛加利达
兰姆酒	lan^{4} mou^{5} zeo^{2}	兰姆酒
芝华斯	ji^{1} wa^{6} xi^{1}	芝华斯
金巴利	gem^{1} ba^{1} léi^{4}	金巴利
亚历山大	nga^{3} lig^{6} san^{1} dai^{6}	亚历山大
餐前酒	can^{1} qin^{4} zeo^{2}	餐前酒
法国葡萄酒	fad^{3} guog^{3} pou^{6} tou^{6} zeo^{2}	法国葡萄酒
皇家礼炮	wong^{4} ga^{1} lei^{5} pao^{3}	皇家礼炮
马丁尼干红	ma^{5} ding^{1} néi^{4} gon^{1} hung^{4}	马丁尼干红
餐后开胃酒	can^{1} heo^{6} hoi^{1} wei^{4} zeo^{2}	餐后开胃酒
白葡萄酒	bag^{6} pou^{6} tou^{6} zeo^{2}	白葡萄酒
红葡萄酒	hung^{4} pou^{6} tou^{6} zeo^{2}	红葡萄酒
波尔多葡萄酒	bo^{1} yi^{5} do^{1} pou^{6} tou^{6} zeo^{2}	波尔多葡萄酒
勃艮第葡萄酒	bud^{6} ngen^{6} dei^{6} pou^{6} tou^{6} zeo^{2}	勃艮第葡萄酒

广州话	拼音	普通话
莱茵葡萄酒	loi⁴ yen¹ pou⁶ tou⁶ zeo²	莱茵葡萄酒
莫塞耳葡萄酒	mog⁶ coi³ yi⁵ pou⁶ tou⁶ zeo²	莫塞耳葡萄酒
麝香葡萄酒	sé⁶ hêng¹ pou⁶ tou⁶ zeo²	麝香葡萄酒
甜葡萄酒	tim⁴ pou⁶ tou⁶ zeo²	甜葡萄酒
樱桃酒	ying¹ tou⁴ zeo²	樱桃酒
苹果酒	ping⁴ guo² zeo²	苹果酒
梨子酒	léi⁴ ji² zeo²	梨子酒
浆果酒	zêng³ guo² zeo²	浆果酒
生啤	sang¹ bé¹	生啤
黑啤	hag¹ bé¹	黑啤
淡色啤	tam⁵ xig¹ bé¹	淡色啤
太阳啤	tai³ yêng⁴ bé¹	太阳啤
荞麦啤	kiu⁴ meg⁶ bé¹	荞麦啤
苦艾啤	fu² ngai⁶ bé¹	苦艾啤
苦味黑啤	fu² méi⁴ hag¹ bé¹	苦味黑啤
健力士啤	gin³ lig⁶ xi⁶ bé¹	健力士啤
嘉士伯啤	ga¹ xi⁶ bag³ bé¹	嘉士伯啤
百威啤	bag³ wei¹ bé¹	百威啤
科隆纳啤	fo¹ lung⁴ nab⁶ bé¹	科隆纳啤
捷克大象淡啤	qid³ heg¹ dai⁶ zêng⁴ tam⁵ bé¹	捷克大象淡啤
烈性黑啤	lid⁶ xing³ hag¹ bé¹	烈性黑啤
麦芽啤	meg⁶ nga⁴ bé¹	麦芽啤
软饮料	yun⁵ yem² liu⁴	软饮料
鲜榨果汁	xun¹ za³ guo² zeb¹	鲜榨果汁
新奇士汽水	sen¹ kéi⁴ xi⁶ héi³ sêu²	新奇士汽水
香橙露	hêng¹ cang² lou⁶	香橙露
蒸馏水	jing¹ leo⁴ sêu²	蒸馏水

广州话	拼音	普通话
汤力水	tong1 lig6 sêu2	汤力水
苏打水	sou1 da2 sêu2	苏打水
柠檬水	ning4 mung1 sêu2	柠檬水
百事可乐	bag3 xi6 ho2 log6	百事可乐
健怡可乐	gin3 yi6 ho2 log6	健怡可乐
全脂牛奶	qun4 ji1 ngeo4 nai5	全脂牛奶
脱脂牛奶	tüd3 ji1 ngeo4 nai5	脱脂牛奶
巧克力奶	hao2 heg1 lig6 nai5	巧克力奶
咖啡豆	ga3 fé1 deo6	咖啡豆
麦乳精	meg6 yu5 jing1	麦乳精
橙蜜香茶	cang2 meg6 hêng1 ca4	橙蜜香茶
俄式冻茶	ngo4 xig1 dung3 ca4	俄式冻茶
午后茶点	ng5 heo6 ca4 dim2	午后茶点
浓茶	nung4 ca4	浓茶
淡茶	tam5 ca4	淡茶
柠檬茶	ning4 mung1 ca4	柠檬茶
砖茶	jun1 ca4	砖茶
乌龙茶	wu1 lung4-2 ca4	乌龙茶
皇室咖啡	wong4 sed1 ga3 fé1	皇室咖啡

知识链接

我国各大菜系特色

菜系，也称“帮菜”。我国菜系大体分为广东菜、四川菜、湖南菜、浙江菜、江苏菜、福建菜、安徽菜及山东菜八个菜系。由于我国各地的物产、风俗习惯、自然气候及历史等因素的差异，各大菜系经过长期的演变自成流派，各具特色。广东菜（简称粤菜）擅长烤、焗、炒、炸等，选料精细，新颖奇异；四川菜（简称川菜）擅长烤、煸炒等，十分注重调味，以味浓的麻辣而著称；湖南菜（简称湘菜）注重香辣、香鲜、麻辣、酸辣，尤以酸辣居多；浙江菜（简称浙菜）擅长调制河海鲜及家禽，注重菜的鲜嫩软滑，香醇绵糯，清爽不腻；江苏菜（简称苏菜）以炖、焖、煨著称，重视调汤，保持原汁，注意配色，讲究造型；福建菜（简称闽菜）以海味为主料，注重甜酸咸香，色美味鲜；安徽菜（简称徽菜）擅长烧、炖、烟熏，以火腿佐料，冰糖提鲜，讲究火工；山东菜（简称鲁菜）味浓厚，嗜葱蒜，擅长烹调海鲜、汤菜和各种动物内脏，具鲜、嫩、脆的特点。

语法详解

1 20——（20）“20”也可说成“廿 ya⁶”。例：廿三（23），廿九（29）等等。

2 30——（30）“30”也可说成“卅 sa¹a⁶”。例：卅六（36），卅八（38）等等。在广州话中，从30至90之间的数字都可以用“a⁶”来表示普通话中的“十”。例如：四 a⁶（四十），七 a⁶ 八（七十八）等等。

3 **三个字倒——（十五分钟左右/一刻钟左右）**“三个字”相

当于普通话中的“十五分钟，一刻钟”。广州话通常用“一个字”来表示普通话中的“五分钟”，例如：两个字（十分钟），九个字（四十五分钟）等等。此外，“三个字”也可说成“一个骨”，其中“骨”是英语“quarter 一刻钟”第一个音节的音译。

4 礼拜——（星期）“礼拜”也可说成“星期”或“周”。例如：星期二（星期二），周一（星期一）等等。

5 朝早——（早上）“朝早”也可说成“朝头早”。

6 晚黑——（晚上）“晚黑”也可说成“晚头黑”。

7 晚晚——（每晚）广州话习惯将单音节的量词重叠，前面不用加数词，相当于普通话中“每 + 量词”的结构。例如：日日（每天）、人人（每人）等等。

8 生日——（生日）“生日”也可说成“牛一”，这是一种诙谐的说法。

9 停车场——（停车场）“停车场”也可说成“泊 pag^{3} 车场”，其中“泊”是英语“park 停放”的音译。

10 洗手间——（洗手间）“洗手间”也可说成“厕 qi^{3} 所”或“卫生间”。

11 空调——（空调）“空调”也可说成“冷气”。

12 冰箱——（冰箱）“冰箱”也可说成“雪柜”。

13 梳化——（沙发）“梳化”是英语“sofa 沙发”的音译。

14 电饭煲——（电饭锅）“煲”在广州话中可作名词，也可作动词。作名词时，相当于普通话中的“锅”；作动词时，相当于普通话中的“煮”、“熬”、“烧”。例如：煲饭（煮饭）、煲汤（熬汤）、煲水（烧水）。

15 色拉——（色拉）“色拉”也可说成“沙律 sa^{1}lêd$^{6-2}$”。“沙律”是英语“salad 色拉调料”的音译。

16 泡打粉——（发酵粉、焙粉）“泡打”是英语“powder 发料”的音译。

17 猪油——（**猪油**）“猪油”也可说成“猪膏 gou[1]”。

18 芝士——（**干酪，乳酪**）“芝士”是英语“cheese 乳酪”的音译。

19 忌廉——（**奶酪**）“忌廉”是英语“cream 奶油”的音译。

20 咖喱——（**咖喱**）“咖喱”是英语“curry 咖喱调料”的音译。

21 熘——（**跟炒相似的烹调法，作料里搀淀粉**）“熘”也写作“溜”。

22 煸——**熬、炖之前炒菜、炒肉等**。

23 氽——**用油炸食物的一种烹调方法**。

24 酿——**利用发酵作用来烹调食物的一种方法**。

25 士多啤梨——（**草莓**）“士多啤梨”是英语“strawberry 草莓”的音译。

26 清洁工——（**清洁工**）“清洁工”也可说成“地喱”。

27 胜瓜——（**丝瓜**）因为在广州话中“丝”字和“输”字同音，出于忌讳而把“丝”字改为“胜”字，故“丝瓜”说成“胜瓜”。广州话的忌讳语有很多，例如：猪脷（猪舌头）、猪润（猪肝）、吉屋（空房）、饮胜（干杯）、鸡红（鸡血）等等。